JN049937

甲南大学全学共通教育センター［編］

正志く 強く 朗らかに Ⅲ

躍動する甲南人の軌跡 2023

同信社発行/同文舘出版発売

甲南学園の今昔

創立 20 周年記念式の様子（昭和 13 年 4 月 8 日）（於 講堂）

令和 4 年度入学宣誓式の様子（令和 4 年 4 月 1 日）（於 講堂兼体育館）

コロナ禍を乗り越えリスタート
～対応に追われた3年間～

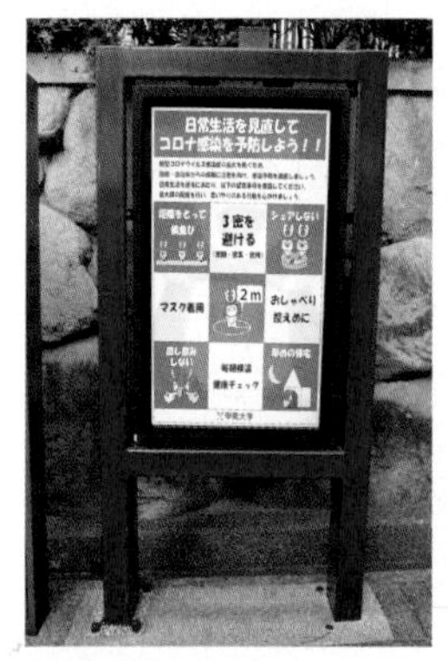

新型コロナウイルス
感染予防の掲示

東灘コンソーシアムワクチン接種協議会による
新型コロナウイルスのワクチン接種会場

ワクチン接種会場の風景

対面授業が再開し
登校する学生の様子

「実践躬行」

理事長　長坂悦敬

甲南学園（甲南大学、甲南高等学校・中学校）の卒業生は、「よき個性を輝かせて和合できる人」、「リーダーたる資質を持った人」、「（面白さによって）周囲の共感を生みだす人」、「志を持ち、実行力のある人」、「突破力のある人」、「振る舞いの素晴らしい人・品位品格のある人」、「社会に出てからの価値が高い人」であると評価されています。卒業生が皆さんこのような人物になって活躍しているのは、在学中に甲南学園創立者・平生釟三郎の哲学（平生フィロソフィ）を身につけたからだといえます。

平生釟三郎は、「人生三分論」を唱え、共存共栄主義の実践躬行（じっせんきゅうこう）・努力を貫きました。人生三分論とは、第一期：二十歳までを他力に頼って生きる時期、第二期：四十歳までを自力によって立つ時期、第三期：それ以降は自力で立つと共に、他に力を藉（か）すべき時期とする考え方です。小中高、大学時代は第一期、まさに懸命に勉学に励んで実力をつける時期であり、同時にしっかりとした人格をつくることが大事になります。この第一期の過ごし方で第二期、第三期の人生が決まることになります。

平生にならえば、熱烈なる就学心や向上心が、そして実行力が人格をつくる源であるといえます。平生は、不公正なことや手抜きなどには厳しい目を向け、新機軸を編み出すだけではなく、その実現に向かって堅忍・努力する不撓の精神力をもっていました。もっているすべての力、すなわち観察力、智恵、雄弁、魂の総てを惜しげもなく注ぐわけです。「パンの為に働くと共にまた社会の公益を工夫せざるべからず」とは平生の言葉です。

William James（1842～1910年、哲学者・心理学者）の言葉に“The behavior will change if the mind changes. Habits change if action changes. Personality will change if the custom changes. The destiny will change if the personality changes.”（心が変われば行動が変わる、行動が変われば習慣が変わる、習慣が変われば人格が変わる、人格が変われば運命が変わる）があります。甲南学園の「人物教育率先」は、まさに人格をつくり「正志く 強く 朗らかに」人生を送る教育であるといえます。

甲南学園100周年を記念し、『正志く 強く 朗らかに―躍動する甲南人の軌跡2019』が当時の学長補佐・共通教育センター所長・伊豫田隆俊教授（1980年甲南大学法学部卒）の熱い思いによって出版されました。ご自身がそうであったように甲南の「人物教育」を受けた後、第二期、第三期を迎えて社会で活躍している卒業生の姿に学ぶことが、後輩諸氏のこれからの自分づくりに必ず役立つと信じてのことでした。その後、『正志く 強く 朗らかにII―躍動する甲南人の軌跡2021』が続編として出版され、この度、続々編として『正志く 強く 朗らかにIII―躍動する甲南人の軌跡2023』ができあがりました。

平生フィロソフィをしっかりと身につけ実践躬行で活躍している先輩の姿をみて、「自分もこうなりたい」と参考になるところが沢山あると思います。BE KONAN、甲南人の生き方を学び、個性を力にして「正志く 強く 朗らかに」進んでいきましょう。

はじめに

甲南学園創立100周年にあたる2019年春に『正志く 強く 朗らかに―躍動する甲南人の軌跡2019』が出版されました。2021年にその続編として『正志く 強く 朗らかにⅡ―躍動する甲南人の軌跡2021』が出版され、本書『正志く 強く 朗らかにⅢ―躍動する甲南人の軌跡2023』はその続々編となります。100年を超える歴史を誇る甲南学園は、これまで経済界を中心に多数の有為な人材を輩出してきました。この10万人を超える卒業生こそが、甲南学園の貴重な財産であることは言うまでもありません。本書では、その中から約50名の卒業生の方に大学時代を振り返っていただきながら、現在のお仕事と社会での活躍を含めてこれまでの人生について語っていただいています。

本書は、第1部「甲南レジェンド母校を語る」と、第2部「躍動する甲南人の軌跡」の2部構成になっています。第1部は、甲南大学卒業後、各界で目ざましくご活躍いただいているベテラン卒業生の方々へのインタビューをまとめたものです。本学学生の皆さんには、これらの方々の母校と後輩に対する熱き想いをしっかりと受け止め、多くのことを学びとっていただきたいと思います。

第2部は、現在社会でご活躍中の比較的若い卒業生の皆さまの現況を中心にまとめたものです。学生の皆さんには、等身大の先輩の姿を読み解くことで、自分自身もこんなチャレンジをしてみようとか、あんな分野にも一歩踏み出してみようという有益なヒントを学びとっていただきたいと思います。先輩方が甲南大学で多くの友人、先輩や後輩、先生や職員の方々との出会いの中でどのように成長し、どのように今日のキャリアを形成されたのか。本書をじっくり読んでいただければ、そこから大きな示唆が得られるはずです。そして甲南大学学生としての自覚と誇りが自然とわき上がってくることになるでしょう。

本書が、これからの未来を担う現役学生にとって自らの大学生活とキャリア形成を考える上で貴重な道しるべになると確信しています。とくに１年生の皆さんは、ぜひ通読してください。「なりたい自分になる」ために、きっと本書から多くのことを学べるはずです。本書が、皆さんの本学での学びを深めるのに役立てば、編者としてこれに勝る喜びはありません。

本書の公刊に際しては、ご多忙の中、ご執筆いただきました卒業生の皆様をはじめ、学内の数多くの方々から多大なご協力をいただきました。これらの方々のご尽力がなければ、到底本書を上梓することはできませんでした。心より厚くお礼申し上げます。

令和５年２月

全学共通教育センター所長
高　龍秀

目　次

第2部　躍動する甲南人の軌跡

正志く 強く 朗らかに Ⅲ

―躍動する甲南人の軌跡2023―

第1部

甲南レジェンド母校を語る

FILE 001

寺では学べない世界
世間を教えてくれた4年間

筒井寛昭
Tsutsui Kansho

1968年
文学部社会学科卒

東大寺
長老・東大寺
二月堂院主

趣味・特技
読書、書道

好きな言葉（座右の銘）
「和而不同」孔子の言葉
（和して同ぜず）
〈人と協調することは大切ではあるが、自分の信念を曲げてまで同調することはない〉

学生時代に所属していたサークル等
古美術研究会

1 古美術を通じて導かれた日本についての知識

「お前は、どこの大学に行くつもりなんや」

たしか高3の1月ごろだったと思います。薬師寺の管主を務められていた高田好胤さんに聞かれました。京都の大学の史学科に行くつもりと答えると「そんなんあかん、甲南の古美研（古美術研究会）に行きなさい」といわれました。

9歳で東大寺に入寺して以来、ずっと寺の中で育った私に対して、高田管主は外の世界を知る必要性を説き、甲南の良さを諭してくださったのです。今から60年ほども前の話ですが、その頃は古美研のように大学選びの決め手となるほど魅力的なクラブがありました。

実際に古美研は素晴らしいサークルで、全体で140人もの大所帯でした。私も教室で過ごすより、部室にいる時間の方が長かったように思います。何しろ月曜から木曜まで毎日昼休みに自主講義があり、日本の庭園、絵画、彫刻、建築について1時間、上級生がみっちりと教えてくれます。おかげで夏休みが終わる頃には、日本の古美術や文化についての知識が一通り頭に入っていました。

他にも２週間に１回のペースで、見学会があります。訪れた寺社仏閣について、説明してくれるのは３年生です。つまり、自分が３年生になったときには、後輩たちの指導役を務めなければなりません。そう思って先輩の話を聞いていると、さまざまな知識が自然に頭の中で紐づけられ繋がっていくのを実感しました。

たとえば宇治の平等院といえば阿弥陀像が有名ですが、その頃には阿弥陀像がたくさん作られていました。なぜだろうかと考えると、当時は末法思想が流行っていたからだと教えられました。また、法隆寺に行って柱を見たときに「これはギリシア風だ」といわれると、いったいどうやってギリシアの様式が日本に伝わったのかと興味をひかれます。すると同じように不思議に思った学生同士で議論が始まる。友だち同士で話していると、学業とはまた違った知的な興奮を感じます。こうしてサークル活動独特の学びを得られました。

上級生になると、今度は自分が説明する立場に回ります。相手にわかりやすく話すためには、流れをどう組み立てればよいかと考えなければなりません。こうした培った話し方のノウハウなどは、授業では学べない貴重な知恵です。古美研で身につけることのできた人に何かを教え伝える技術は、大学を出たばかりの私をしっかりと支えてくれました。またサークルを運営していくためのさまざまの実務経験なども、大学を出て東大寺に戻ったときにすぐに役立ちました。

2 東大寺を守っていくために必要な知恵と知識

卒業後は今に至るまで、東大寺一筋の人生を歩んでいます。最初に担当したのが、既になくなりましたが東大寺の運営する定時制高校での社会の授業でした。東大寺の境内の中にある学校ながら、社会の授業でも仏教については何一つ教えないのがユニークなところです。教えるのではなく、生徒たちが「仏教の教え」を自然に感じるように導く。宗教とは、無理やり教え込むものではなく、必要を感じたときに自ら学ぶものだと、そんな考え方が背景にありました。だから社会の授業でも、特に東大寺について詳しく説明するような教え方はしませんでした。

他には大仏殿の中でのお勤めはもちろんのこと、肢体不自由児を受け入れる施設・東大寺整枝園での仕事や、図書館の購入書籍を考えるような仕事もあります。東大寺は単立寺院であり、他に系列の寺は1つもありません。ですからひたすら東大寺の中での仕事に携わっていました。

1988年に「なら・シルクロード博覧会」が開催されたときには、一気に忙しくなりました。当時は職員総数70人ぐらいでしたが、この人数で博覧会に対応しようとすると、人手が足りないため、どうしても残業時間が長くなってしまうのです。役所からの指導を受けて職員を増やし、新しく入ってきた職員に対応するため、企業での人事や労務のような仕事を引き受けました。

私たち東大寺の人間にとっては、お寺を守っていくのが唯一にして何より大切な仕事です。そのためには何でもやらなければなりません。ただ東大寺には檀家が存在しないので、たまに信者さんなどに話をすることはありましたが、人々にお話をする機会などはあまりありませんでした。信者さん以外では、寺を維持するための交渉をする文化庁や県や市の方々とお話をすることがありました。大仏殿を修理するには、文化庁にお願いして予算を回してもらわなければならないからです。庶務の仕事にはそうした交渉事も含まれています。他に財務、営繕、教学と各部門の仕事を一通り経験しました。財務を担当していたときには消費税が導入され、課税・免税のことについて勉強もしました。

最も仕事の多いのが執事長です。この役職は企業ならCEOのような存在であり、東大寺では3年交代で務める決まりとなっています。執事長はたとえば、修学旅行生たちにいかに東大寺に来てもらうかといった勧誘策も考えます。こうして振り返ってみると、お寺の仕事では会社勤めよりもよほど幅広い学びが求められたように思います。

東大寺といえば、すごく大きな寺と思われがちですが、企業レベルでたとえるなら中小企業の中ぐらいでしょう。檀家や末寺をたくさん持っている京都のお寺などと比べれば、経済的にゆとりがあるわけでもありません。それでもなんとかして奈良時代から続く寺を守り伝えていかなければならない。そう思って無我夢中で務めてきて、今に至るような感じです。

3 ものごとは見る位置によって見え方が変わる

学生のみなさんには、まず心に余裕を持って学生生活を楽しんでいただければと思います。そのうえで、自分の行いがどういう意味を持っているのかを、常に自分で振り返る習慣を身につけてください。

その際に大切なのが、自分の視点に関する自覚です。たとえば今、とても不幸な出来事ですが、ヨーロッパの一部で戦争が起こっています。侵略した側は、自分流の正義を主張して行動しているのです。もちろん侵略される側にも自国を守る正義が存在します。つまり立場が変われば「正義」の見方が変わってくるのです。

ものごとは、どこから見るかで見え方が違ってきます。とても簡単な例ですが、円錐（えんすい）を思い浮かべてください。この円錐を真横から見れば、三角に見えます。一方で、上から見れば円にしか見えないでしょう。どちらも同じ円錐を見ているにもかかわらず、見る位置が違うと見え方がまったく異なるのです。だから「これは三角だ」「いや絶対に円だ」とお互いが譲らなければ、本来の姿である円錐は見えてきません。

意見の違いが明らかになったときに大切なのが、話し合いです。お互いが相手を理解する気持ちで話し合えば、最終的には「これは円錐だ」と双方が納得できます。

人が生きていくうえでは、理論的に説明できないような出来事に出くわすこともあります。そんなときにはまず「なんで？」と疑問を持ってください。

そのうえで人から聞いた説明をそのまま受け入れるのではなく、違った視点から見ればどうなるだろうかと自分で考えてみる。

疑問を大切にしながら、視点を変えて考える癖をつける。相手の意見に耳を傾けながら、お互いの違いを意識する。そのために必要なのが「心のゆとり」です。

ものごとに対する視点を広げるためには、いろいろな人から知識を得る訓練も大切です。さらに学業だけでなく、人との雑談も視野を広げる機会として大切にしてください。

その意味で甲南には、いろいろなバックグラウンドを持つ人が集まっているはずで、みんなの多様な視点に触れていると、自然に自分の視野が広がっていくでしょう。私も東大寺の中だけで過ごしていては、絶対に知り合えなかった人たちと甲南で出会えました。出会いに恵まれた大学に入ったメリットを、ぜひ有効に活用してください。

FILE 002

空手で鍛え上げた4年間がその後の人生の礎に

川原正孝

Kawahara Masataka

1973年 経営学部卒

株式会社ふくや
代表取締役会長

趣味・特技
博多祇園山笠（祭り）

好きな言葉（座右の銘）
「他人は自分の
鏡である」

学生時代に所属していたサークル等
体育会空手道部

1 おとなしい大学の中の別世界

甲南に入ったのは兄のすすめがあったからです。兄の友人に甲南出身者がいて「まちがいなく良い大学だから」と聞かされていたそうです。高校時代は空手をやっていましたが、その頃から大学空手の凄まじさを知っていただけに、大学に入ってまで続けるつもりなどありませんでした。そもそも甲南に空手は似合わないでしょう。

ところが、入学式に来てくれた母を、トイレまで案内してくれたのがたまたま空手道部の人で、その方に母が「息子は高校時代、空手をしていて……」などと話してしまったのです。それから熱心な勧誘を何度も受け、忘れもしません、4月26日、とうとう根負けして入部しました。

初めて道場に行ったときには、先輩方の道着が白かったので少しだけ安心しました。高校時代に着ていたのは、血が出てもわからないようにするため黒の道着だったからです。ここはそれほどきつくなさそうだと喜んだのもほんのつかの間、実際に先輩に近づいてみると、道着は純白ではなく、黄色く濁っている。これは血の跡を意味します。

上品な人の多い大学と思って入ったのに、空手道部だけはまったくの別世界でした。何しろ全国や関西の学生大会で上位に入るような、気性の激しい人たちが集まっているのです。入部後は空手漬けの日々となりました。毎日、午前中の授業と語学・体育は出席できるけれど、午後は基本的に道場で過ごします。昼休みも稽古があり、長期の休みには強化合宿が待っていました。先輩からかなり厳しく鍛えてもらったこともあってか、同期の10人とのつながりは深く、今でも連絡を取り合う仲です。

初めて一人暮らしをした場所は、学校から30分ほどのところにあった6畳一間のアパートでした。ところが2年生になると、1年生にいろいろおごってあげるのが部のしきたりです。お金を節約するため、大学近くの3畳間に引っ越しました。当然、風呂などもありません。同じ下宿に料理の得意な学生がいたので、みんなでお金を出し合って食材を買い、彼に作ってもらっていました。おそらく甲南の学生の中でも、かなり特殊な学生生活を送ったのではないでしょうか。

ただし授業の成績は決して悪くありませんでした。持つべきものは友だちで、みんなが一生懸命に教えてくれるので、Aの数は多い方だったと思います。

同期には体格の良い人が多く、先輩からは「お前たちが4年生になったときが楽しみだ」といわれていました。最終的には大学4年のときに西日本大学空手道選手権大会団体戦でベスト8となり、最後まで誰一人脱落せず、10人揃って続けられました。ただし、本当にほぼ空手だけの学生生活で、夏休みの思い出も合宿しかありません。アルバイトに行く気力も残っていなくて、時間が空いたときにはヘトヘトの体を休めている。こんな日々でしたが、地元の祭りである山笠に参加するために7月上旬は必ず福岡に帰省していました（タダでは帰省させてはもらえませんでしたが）。大学時代の4年間が、知らず識らずのうちに自分を鍛え上げてくれていたのです。

2 知らぬ間に培われていた強靭さ

就職先は早い段階で決まっていました。空手のつながりで、武道系の人が多く働く運送会社にお誘いいただいたのです。そこで港湾労働者の人たちのまとめ役を任されることになっていました。

ところが夏に福岡に帰ったときに、母親に就職先について話すと「それはいけん」となり、急遽兄が勤めていた銀行を受けさせられたのです。面接に行ったときは、坊主頭でサングラスをかけていました。というのも、面接直前に行われた練習試合で目のまわりをケガしていたので、サングラスで隠していたのです。

それでも面接官は兄から事情を聞いていたのでしょう、特に驚いた様子もなく「髪は伸ばせますか」と「普通のメガネに変えてもらえますか」とだけ聞かれました。当時の兄は、若くして支店長代理を任されていたので、その弟ならと大目に見てもらえたのだと思います。

銀行で働き始めて、最初に驚いたのが残業です。研修が明けて支店に配属された初日、シャッターが３時に閉まりました。自分が任された分の経理はぴったり合っていたので、これは早く終われてありがたいと帰ろうとしたら、とんでもないと直ちにまわりから引き止められました。銀行では、全員の数字が正確に合うまでは誰も帰れないのです。だから毎日残業です。

それでも体がきついとは、まったく感じませんでした。実家から通っているから食事はしっかり食べさせてもらえるし、空手道部のときのように先輩から叩かれる心配もありません。おまけに給料までもらえるのです。少々の残業などまったく苦になりません。

仕事について一生懸命に学び、営業活動にも精を出した結果、５年目で支店長代理となり、６年目で組合活動でも中央執行委員を任されました。普通の人には「キツイ」業務が、私にはまったく「普通」だったのです。

そんな中で、父の体調が悪化したため、実家の店を引き継ぐことになりました。兄は既に支店長となっていて、簡単には抜けられません。私も「1年間の休職扱いにするから」と上司からいってもらいましたが、踏ん切りをつけるために辞めました。

家業の『ふくや』は、父が社会貢献のために立ち上げた、日本で初めて明太子をつくった会社です。「利益を出して税金を納める」が父の口癖でした。「みんなのために」を第一に考えるから、明太子については製法特許も商標登録もとっていません。どうぞ真似して、みんなも稼いでくださいというわけです。しかも、父は税金をより多く納めるため、あえて法人化せず個人商店として続けていました。

さすがにそれでは厳しいので、父が亡くなった後、母を社長として法人化し、企業としての継続性にも配慮するようになりました。銀行時代の女性行員や、後に初めて募集をかけたときに来てくれた女性の優秀さに目を開かれ、それ以降は会社のポリシーとして女性を大切にし、女性社員を増やしていきました。ただし、人を見るときには、大学時代に師範から教えていただいた「つねに公平に」を忘れないようにしています。

たまたま仕入れで失敗した材料から大ヒット商品となった「数の子明太子」ができたり、リーマンショックで法人の贈答需要が激減したものの超円高により材料仕入れで利益が出たりと、運にも恵まれてこれまでやってこれました。その礎となったのは、大学時代の厳しい稽古で培われた強さだったのだと思います。

3　何か1つでいいから打ち込めるものを

大学時代には、何か1つに全力で打ち込んでみませんか。クラブやサークル活動でもいいし、もちろん勉強ならなおよし、仮に遊びでも全身全霊をかけて取り組めば、何かを得られるはずです。逆に、ぜひとも注意してほしいのが、中途半端に「あれも、これも」と片っ端から手を出しては、最後までやりきれず途中で投げ出してしまうことです。

学生時代にしか挑戦できないテーマや時間の使い方があります。いつでもチャレンジできると学生のときは思っていても、社会人になってからでは決してできないのです。しかも学生のチャレンジには、基本的になんの制約もないはずです。学生ならではの特権をぜひ活かしてください。私も採用で学生を面接する際には「何をがんばってきましたか」と必ず聞いています。

もう１つ意識してほしいのは、甲南独特の良さです。私が学生のときは大学紛争の真っ盛りでした。学生紛争といえば東大をイメージする方もいるでしょうが、関西でも関大や関学で学生運動が盛んになり、「甲南でも学長室占拠をやらなければ」とある日、大勢で甲南大学に乗り込もうとしたのです。

まさに危機一髪の状況となったのですが、「甲南だけは学生運動から守らなければいけない、血気盛んな学生たちを絶対に甲南には行かせちゃダメだ」と顔見知りだった関大や関学の空手道部のみんなが一致団結して各々の大学の学生運動家たちを止めてくれ、甲南を学生紛争から守ってくれたのです。

もちろん、今では状況は変わっていると思います。けれども、甲南の本質とは、まわりから一目置かれる大学である、と私は受けとめています。その良さをみなさんも引き継いでいるのです。ぜひ、甲南の良さをさらに続く世代にも伝えていってください。

FILE 003

順風満帆の半生から波乱万丈の半生へ

道満雅彦

Doman Masahiko

1975年 経営学部卒

オリバーソース
株式会社
代表取締役社長

趣味・特技
ヨットとサックス

好きな言葉（座右の銘）
「マーケットインより
プロダクトアウト」

学生時代に所属していたサークル等
クルージングクラブ

1 不在で済ませた卒業式と入学式

今から半世紀以上も前の話だからだったのでしょうが、甲南高校では高３の早い時期に甲南大学への推薦試験を受けられました。人気だった経営学部に入るには高得点が必要ながら、なんとか運良く合格。おかげで高校生のうちにどうしても叶えたかった夢を実現できたのです。

1971年の１月、17歳だった私は神戸からアメリカの貨客船「President Cleveland」号に乗り、15日間かけてホノルル経由でサンフランシスコへと渡りました。それから７カ月かけてアメリカ中を一人で旅したのです。この間にあった高校の卒業式はもちろん、大学の入学式にも出ていません。日本に戻ってきたのは、その年の８月です。

それでも大学の前期をなんとか休学せずに済んだのは、高校から大学まで一緒に進んだ仲間たちが大学での課題やレポートなどを教えてくれたおかげでした。もちろんインターネットなどない時代ですから、エアメールのやりとりです。おかげで前期の試験も無事にクリアできて、後期から普通に授業に参加するようになりました。

アメリカでは一人旅を満喫しました。132日間132ドルでアメリカを周遊できるバスチケットがあったので、ひたすらアメリカ全土を駆け巡っていました。

帰国後、部活をどうしようかと考えたとき、船が好きだったので同好会のクルージングクラブに入りました。体育会系ではなくクルーザーでヨットレースに挑戦するクラブで、同学年に15人の仲間がいるほどの人気ぶりでした。ただ同好会の扱いなので、活動費は自分たちで調達しなければなりません。そのために始めたアルバイトが、もう一度海外に出る縁へとつながりました。

芦屋の老舗レストランで、皿洗いとフロアスタッフをしているときに、たまたま知り合ったお客様が、イランにある日系の石油採掘会社で社長をされていたのです。いろいろお話ししているうちに再び「海外に出たい熱」が再発しました。

経営学部ではマーケティングを学んでいて、ゼミの先生に話をすると「卒論を早めにきちんと書けば、卒業に必要な単位を認めてあげる」といってもらえ、3年生でクラブを辞めて学業に完全に集中しました。

無事に卒論を書き終えるとスチューデントフライトでパリに飛び、そこからはオリエントエクスプレスで1週間ほどかけてテヘランを目指します。中東の美しい古都では、旅に出たもう1つの目的だった、社長の娘さんとも再会できました。途中でジブラルタルからサハラに渡ったときには、たまたま日本赤軍がオランダで乱射事件を起こした直後で「日本人で学生、こいつは怪しい」と取り調べを受けたのも、今から思えば懐かしい経験です。

ともかく甲南に入ったおかげで、2回も海外への単身旅行を堪能させてもらうなど、思い通りの学生生活を送ることができました。大学時代にお世話になった方々には、本当に感謝しかありません。

2 社長就任直後の急降下

大学卒業後の就職先は、大手の食品メーカーに決まっていました。ところが入社する日に、実家の工場で思いもよらぬ出来事があり、父親から急遽呼び戻されたのです。いったんは外で修行を積ませて、いずれは跡を継がせる。父親としてはそんな思惑があったのでしょうが、そう悠長な話をしていられなくなったようでした。

それから30歳になるまで、ずっと工場勤めで、ひたすら秘伝のソース作りに明け暮れる毎日でした。経営学や帝王学を学ぶ機会などまったくありません。とはいえそんな作業に集中するのが、実は大好きでした。細かいところをいろいろ工夫するのが楽しくて仕方がない。まわりからは、水を得た魚のようだといわれたりしていました。

その後、大阪支店で営業を任されるようになります。当時の業績はまさに順風満帆で、予想以上に利益が出ていたので、お笑い芸人さんに出てもらったテレビコマーシャルをたくさん打っていました。

社長を引き継いだのが1993年です。高校時代から思い通りの人生を歩ませてもらい、会社の経営にもまったく問題はない。ここまでは出来過ぎといえるほどの良い人生、それを一気にどん底に突き落としたのが、1995年1月17日の阪神淡路大震災です。

工場が全焼し、特注製品のタンクを守ってくれていた社員が1人亡くなってしまいました。あまりの被害の凄まじさに、かえって諦めがついたのか、父親は廃業を覚悟したようです。震災直後にはお別れのつもりでしょうか、ニコニコ笑って集合写真に収まっていました。

けれども社長になったばかりの私は諦めきれませんでした。社員が命をかけて残してくれた秘伝のソース製法技術を、なんとしても受け継いでいかねばならないと思ったのです。本社の土地と建物を行政に収用していただき、ポートアイランドに衛生に特化した工場とモダンな本社社屋を建築して移転しました。文章にすると一行で終わりますが、この間に巨額の借金をして工場などを建て直し、売上は激減、苦汁の日々とはこういう状況のことかと悟りました。

ただ、再びソースを作れるようになりさえすれば、なんとかなる。それだけを信じていたのですが、実際はそんな甘いものではありませんでした。休業中にスーパーの発注システムが変わり、前月の売上を参照して自動発注されるEOSシステムになっていたのです。つまり、震災以降ずっと売り場に並んでいなかったオリバーソースは発注の対象外で他社製品に取って代わられ、商品が並ばなくなったのです。

事業再開から2002年までの5年間は売上が極端に落ち込んで借金がさらに膨らみ、震災後の2年半より悲惨な状態でした。とはいえ社員は一人も辞めさせられません。社長としての重圧と責任感に押しつぶされそうになり、体調を崩した時期もあります。

それでも「捨てる神あれば拾う神あり」。やがて粉ものブームが到来し、国内外からの受注が急増した際には最新設備導入のおかげで対応することができ、業務用お好みソースの販売と輸出による収益の増加により盛り返すことができたのです。その後はインバウンド需要でさらに売上が跳ね上がっています。

3　学生時代のネットワークは一生の財産

みなさんに何より伝えたいアドバイスは「隣をしっかり見ろ」です。たまたま何かの授業で横に座った相手、クラブやサークルで知り合った友だちの中に、面白い人やとんでもない人がきっといます。それが甲南の特長です。

たとえばわけのわからないほどの富豪や、有名企業の社長の子女が普通にいたりする。規模はそれほど大きくなくとも、事業家の家庭に育った人も多いでしょう。もしかすると私たちの頃とは少し様子は変わっているのかもしれません。けれども、そんな人が潜んでいるのが、甲南の何よりのユニークなところです。

　また、まわりの友だちとの間で、同類感も強く感じるのではないでしょうか。ガリ勉タイプではなく、かといって勉強をサボる人たちでもなく、それでいて自分なりの個性をしっかり持っている人が多い。

　こんな人たちとのネットワークを在学中に築いておければ、一生の宝もの、無形の財産となります。そんなネットワークを広げるためにも、クラブやサークルに積極的に参加すべきです。もちろんゼミでの友だちも大切ですが、クラブで付き合った仲間は、一生の付き合いになるケースが多い。先輩後輩の関係がつながるのもクラブの良いところです。

　私自身も、卒業後50年経っているのに、未だにサークルの仲間とはLINEでつながっています。そんな人脈を育めるのが甲南の良いところです。みなさんも一生付き合える仲間と出会えるよう祈ります。

FILE 004

縁やキッカケは必ず巡ってくる それを広げるのが自分の力

山口信二

Yamaguchi Shinji

1981年 経済学部卒

モロゾフ株式会社
代表取締役社長

趣味・特技
お酒に合う家庭料理と
パスタ料理

好きな言葉（座右の銘）
「絶対にできるという
強い信念を持て」

学生時代に所属していたサークル等
茶道同好会

1 体育会のノリが気に入った茶道同好会

甲南を教えてくれたのは、中学時代に担任だった数学の先生です。この先生の厳しさと面倒見の良い人柄から、出身校であった甲南大学に良い印象が芽生えました。中学や高校ではバレーボールに打ち込み、ポジションはセッター。身長が低く、大学では通用しないとわかっていたので何か別のことをやろうと思っていました。そんな中、入学後参加したオリエンテーリングでたまたま仲良くなったのが、元夢野台高校陸上部キャプテンだった同じ名字の山口一成君でした。彼に「お茶でも飲もう」と誘われて歩いていたとき、勧誘を受けたのが茶道同好会だったのです。

同好会とはいえ、学んでいるのは裏千家の本格的な茶道です。けれど部員の約半数が運動部で活躍した男性ということもあってノリは完全に体育会系で、自分にぴったりだと思いました。実は大学に入っても体を動かすのが大好きで、体育の授業では自分のクラス以外でも片っ端から出席して体を動かしていました。当時は、そんな学生も大目に見てくれていました。ファッションの基本は、IVYやヘビーデューティ。スリムなコットンパンツにボタンダウン、冬はカウチンセーターやダウンが流行っていました。それでも体育の授業があればすぐに参加できるよう、ジャージも持参していました。

一方、茶道の稽古は本格的でした。中でも年に1度、千利休も修行した堺の南宗寺で、1週間ほどの合宿が行われます。座って半畳、寝て一畳といわれるほどのスペースで薄い布団をあてがわれ、暖房もない禅堂に寝泊まりしました。春休みとはいえ、まだまだ底冷えのする時期です。寒い中、朝は6時に叩き起こされて座禅を組み、少しでもぐらつくと警策で肩をバシッと叩かれる。痛みより、気持ちがすっきりしたのを覚えています。掃除などの作務を終え、経を唱えて、一日中お茶を点てる。食事は一汁一菜。沢庵和尚直伝の漬物・沢庵もあって、非常に美味しい。ただし音を立てずに食べるのがルールです。こうしてひたすら禅とお茶で過ごした日々は、今でも貴重な体験として心に刻み込まれています。また大学祭のお茶会では、他大学の茶道部からも多くお客様が来られるので、練習をしてきたとはいえ、いつも手が震えるくらい緊張していました。

一方、経済学部の勉強はというと試験前1カ月が勝負と決め、もう一度ノートと本を集中して読み込み、自分なりに考えをまとめて、しっかりと頭に叩き込む。おかげで、卒業時の成績は学部でも上位クラスに入っていたはずです。

2　誘われて「まあいいかな」と入社して

就職先については最初、損保業界を考えていました。実家が自動車の修理工場を営んでいて、損害保険も扱っていたからです。損害保険会社とは残念ながらご縁はありませんでしたが、他にも大学の掲示板で探した化学専門商社では内定をいただきました。そんな折、知り合いにチーズケーキが美味しくて急成長している会社があると、モロゾフを教えてもらいました。

そのモロゾフの面接で何度か会った他大学の人たちと仲良くなり、みんな優秀で良い人ばかり。一緒に入ろうと誘ってくれる。食べるのは好きだし、神戸が本社、面白い仲間もいる、何より美味しい。内定をいただいた会社にも訪問して辞退のお詫びを申し上げ、モロゾフに決めました。ただ茶道同好会のときもそうでしたが、就職のときも、今から振り返れば何かの縁に導かれていたように思います。

とはいえ入社後は、なかなかハードな日々となりました。いきなり商品企画に配属され、新商品の開発を任されたのです。わからないことばかりで、朝から夜まで必死でした。当時、職人気質の先輩たちばかりで、手取り足取り教えてくれたりすることなどは一切ありません。「見て覚えろ」が当たり前の世界です。

なんとか新商品の企画をまとめて工場に説明に行くと「こんなもんできるかい」と突き返される。「だめでした」と企画部に持って帰ると、今度は「もっかい行ってこい」と突っぱねられる。ほんと、どうしたらええねんという感じですが、実はこうした体育会系のノリが嫌いではありませんでした。

最初の間は、かなりしごかれましたが、この間に手がけた商品が形を変えながらも今も残っています。自分が担当した商品が、世の中に出たときの達成感は、何ものにも代えがたい。新商品が完成すると、まず部長に報告に行きます。そこで「ようやった」とねぎらいの言葉をかけられ、最後に社長に新商品を持っていくと、優しく「ご苦労さんでした」と。次も頑張ろうと強いモチベーションになりました。

2年目、その部長が栄転となり東京に旅立つときに「お前も来年は東京やで」といわれました。実際にその通りに転勤になり、当時日本一忙しかった渋谷の店で毎日クッキーを焼いていました。次に営業を数年間担当した後、当時の社長発案の新規事業開発室に異動し、毎日ブラブラしていました。2年ほど経つと、再び社長から「中華料理」をやるといきなりいわれ、香港へ食べ歩きに出かけました。当時としてはかなり斬新な中華とフランス料理を融合した「ヌーベルシノワ」の店を、神戸の百貨店に出店しました。なんとかオープンに漕ぎつけたものの、1年後の1995年、阪神・淡路大震災により閉店。それどころか御影にあった本社と主力の工場も倒壊し、会社存続の危機となってしまいました。

ちょうどこのとき、労働組合の委員長を任されていて、経営陣と団体交渉しながら復興計画を練り上げていきました。組合活動の中で、常に経営状態と社内の現場の情報が入ってきていたので、危機を乗り越えるべく全社挙げて復興に取り組みました。それでも復興までに5年以上かかりました。

その後、直属の上司で社長候補だった方が急逝され、取締役2年でいきなり社長を任されました。それからはひたすら「ブランド価値」、「企業価値」、「社会的価値」の向上に取り組みました。そして全社のベクトルを揃えるため企業理念を見直し、わかりやすく共有するために企業スローガン「こころつなぐ。笑顔かがやく」を制定しました。目の前の仕事は、すべてお客様に笑顔を届けるためにやっていると発信し続け、顧客満足を高める努力をしました。

社会人になってから今に至るまでを振り返って、ビジネスを展開してきた中で強く感じたのが、甲南ネットワークの強さとありがたさです。「実は甲南卒でして」と、このひと言でお互いに打ち解け合える帰属意識の強さ、これは何ものにも代えがたい財産となっています。

3 学生時代に身につけたい「絶対できる」思考

学生時代には、何か目標を決めて、それを達成するために頑張ってみましょう。就活時に面接をする側からのアドバイスを伝えるなら、アルバイトやサークルでの経験は、少なくとも私にはあまり響きません。私が面接の際に注意してみているのは、その人の物事の見方や会話する際の頭の回転の速さです。

いずれも人の本質に関わる資質だと思います。しかも自分が持って生まれた資質の芽を、自分で方向性を決めて培っていかないと育ちません。逆に自分なりのものの見方と考え方がしっかりできていれば、どんなテーマを与えられても、自分なりの考えをまとめられるし、相手の意向も踏まえながら話ができるようにもなります。

もう１つ、ぜひ意識してほしいのが、何か課題を与えられたときには「どうすればできるか」だけを考える姿勢です。それがどんなテーマであれ、まず「自分なら絶対できる」と強い信念を持つのです。できない理由を考えて逃げるのではなく、どうしたらできるのかと突破口を探す。そして壁を突破するためには、強い情熱も欠かせません。

これら一連のトレーニングに思う存分励むことのできる環境が、甲南には備えられています。何か目標を定めて、それを達成するために動く。一足飛びにやってやろうなどと考えず、一歩ずつ確実に階段を上がっていけばよいのです。そうして着実に進んでいける人が、最終的に何かを形にできる人です。

そしてもう１つ、甲南ならではの良さがあります。強い心を持った人が動くと、その考えや動きに賛同して助けてくれる人が、周りに必ず出てきます。甲南ならでは人脈も、ぜひ活かして、皆さんも自分の夢を叶えてください。

FILE 005

アメリカへの憧れから 30年の海外駐在生活へ

大谷裕明

Otani Hiroaki

1982年 経済学部卒

YKK株式会社
代表取締役社長

趣味・特技

ネイチャー
アクアリウム

好きな言葉（座右の銘）

人財育成の観点から、「やってみせ、言って聞かせて、させてみせ、ほめてやらねば、人は動かじ」「話し合い、耳を傾け、承認し、任せてやらねば、人は育たず」「やっている、姿を感謝で見守って、信頼せねば、人は実らず」

学生時代に所属していたサークル等

ESS

1 ロッキー山脈の美しさにひかれて

私は高校時代に2つ、夢を持っていました。1つは、高校での部活仲間と一緒にサッカーを続けたいという夢で、もう1つはアメリカに行く夢です。サッカーについては、メンバー全員が進学せず就職して続けようと考えましたが、紆余曲折あった末に諦めました。一方のアメリカ行きは、就職先をしっかり選べば可能性があります。アメリカに憧れた理由は、映画で見たロッキー山脈の大自然の圧倒的な美しさに魅力を感じたからです。

となると進学ですが、スタートが遅れたので必死でがんばりました。その結果、自宅から通えて、評判も高かった甲南へなんとか入れたのです。入学後に選んだクラブは、将来を考えてEnglish Speaking SocietyすなわちESSです。当時は今と違って、英語を独習する方法がとても限られていました。町中に英会話教室などもあまりないため、高いカセットテープを買って、自分で学ぶぐらいしかありません。ともかく英語に触れる機会そのものが少なかったのです。

ESSでの同期には甲南高校の出身者がいて、彼と話してびっくりしました。お互いに自己紹介しようというやいなや、いきなり「Let me introduce myself」と切り出してきて、その発音がネイティブそのものでまったく聞き取れなかった。単語を書いてもらうと、なるほどと納得できるものの、これが本物の発音かと覚悟を改めたのです。

経済学部では国際経済学を専攻に選ぶなど、卒業後は海外に出る気満々でした。なんとかして生の英語を学ぶ機会を増やすため、甲南と交流のあるイリノイ大学からの留学生とのディスカッションを企画しました。彼らは日本語を学びたくて、私たちは英語を学びたい。だからお互いの利害が一致するアイデアとして毎日1時間、30分交代で英語と日本語でテーマを決めて話し合うのです。これは時事英語を学ぶ、実践的な良い訓練になりました。

2年生に上がった段階で、まわりから推されて部長になりました。当時は80人とそこそこの大所帯で、ディスカッション・スピーチ・ドラマ・ディベートの4部門がありました。

初体験だったのでとても興味深く、また学びになったのがディベートです。たとえば「原発の賛否」や「自衛隊増強の是非」などのテーマを与えられ、自分の意見とは関係なく、賛否どちらかに分けられて議論を戦わせます。勝負を決めるカギは、事前に集めた情報と組み立てたロジックの緻密さです。ディベートで培われた、論理的に考えて語る能力は、後々の仕事でも役に立ちました。

他にもESSでさまざまな経験を積ませてもらったおかげで、就職して海外駐在となったときにも、少なくとも語学についてはまったくひるまずに対応できました。そのESSが今ではなくなってしまったと聞き、とても残念な思いです。

2 憧れの摩天楼、ただニューヨークではなくアジアの不夜城へ

就職についてその頃は、幸いにも完全な売り手市場でした。面接に行けば、

どこも内定を出してくれるような状況です。そんな中でYKKに決めた理由は、海外進出に積極的だったのが一番で、さらに父親からも素晴らしい会社と聞いたからです。

願い通りに入社3年目から、海外駐在となりました。赴任先は摩天楼の街、ただし「アジアの」が枕ことばにつく香港です。着いたときはちょうどクリスマスシーズンで、街中がイルミネーションで輝いていました。まさに不夜城といった趣です。

ロッキー山脈とは違って、緑などまったくなく、街は喧騒に包まれ、熱い活気に満ちあふれています。当時の香港はアジア第一の国際都市でした。欧米人はもとより日本人だけでも3万人以上が滞在していて、他にもアジア系のインド人やフィリピンから来ている人もいます。当時、YKK香港社は日本人社員だけでも30数名いて、家族も含めて100人を超える大所帯でした。

それほど香港はYKKにとって重要な海外拠点だったのです。支店長からは「ビジネスのときだけは英語でいいが、事務所ではそれ以外の会話は広東語で話せ」といわれました。おかげで1年ほど経つと、広東語でも日常会話には不便しないレベルになりました。

香港に19年滞在して、さまざまな仕事をさせてもらった後に、2003年に上海駐在となります。ここではアジア全域を統括するマーケティング部門で部長を任されました。その1年半後に深圳に移ります。これが2005年、45歳で事業会社の現地トップとなりました。ちょうど日中関係が悪化していた頃で、街中で反日デモが行われ、当社の工場の社員たちも参加しようとします。そのとき、社員を止めてくれたのが、中国人幹部でした。彼らが「デモに参加するのは君たちの自由だが、工場から出ていくのなら二度と戻ってくるな」と諭してくれたのです。

YKKが創業以来ずっと守り続けてきた企業精神「善の巡環」、その成果をこのとき肌で感じました。その後、深圳の経営が躓いたときにも「善の巡環」に立ち返って考え建て直しに努めました。経営判断を行う際には必ず中国人幹部にも入ってもらい、計画を達成した際は現地従業員への還元を約束する。中国におけるYKKの存在価値を改めて提示し、その価値に共鳴してくれる社員を増やしていったのです。

最初から海外で働き続ける覚悟を決めていました。だから香港に赴任して以来ずっと「海外事業会社で働き続けたい」と上司にいい続けてきました。しかしながら、2014年に副社長 ファスニング事業本部長として日本に帰国しました。

その3年後、当時会長だった現相談役より社長就任のお話をいただきました。驚きましたがお受けすると決めて「これからは態度を改め、早く日本の文化や風習に慣れるようにします」というと、「そんなことは考えなくていい、それを求めるなら、あなたを社長に任命していません」と返されました。それでなるほどと納得したのです。

3 自分のエッジを立てろ

学生時代には、まず自分の得意・不得意を見極めるよう心がけてください。不得意を理解したら、可能な限り学生の間に学んで修正しておく。不得意分野の克服は、自分をブラッシュアップするうえでも大きな意味があります。そのうえで、得意をしっかり磨き上げておきましょう。これだけは誰にも負けない、それぐらい尖った得意技を持てば強力な武器になります。

得意がはっきりしていれば、自己主張できるようになります。海外に出るとよくわかるのが、日本人の自己主張の下手さであり、その理由はまわりを気にし過ぎるからです。これに対して香港をはじめ海外の人は「いわないと誰もわかってくれない」ぐらいに思っているから、遠慮なく自己主張してきます。

もう一点、入社式でも伝えているのが「とにかく失敗しろ」です。YKKのコアバリューの1つに「失敗しても成功せよ／信じて任せる」があります。とはいえ失敗し続けるのは論外です。特に同じ失敗を繰り返すのでは意味がありません。

失敗したら、必ず学ぶ。その学びをテコにして、次はより高いレベルに挑戦する。そこでまた一度は失敗していいのです。ただし必ず何かを学んでステップアップする。この繰り返しです。

成功する人間とは、失敗しない人間では決してありません。そもそも失敗もしない人は、チャレンジしようとしない人です。失敗の種類が多種多様なほど、自分の器が広がっていき、次に成功する可能性が高くなります。

社会に出て思いっきり挑戦するためにも、学生の間に自分に欠けている点を直しておき、同時に得意を研ぎ澄ませておきましょう。

第2部

躍動する甲南人の軌跡

人それぞれの生き方、信念を持って

後藤正巳
Gotou Masami

1982年 法学部卒

甲南大学履修証明
プログラム履修生
（リカレント教育履修生）

趣味・特技
スポーツ観戦（野球・ラグビー・サッカー）、ゴルフ、旅行（史跡名所旧跡・博物館・美術館巡り）

好きな言葉（座右の銘）
初心忘るべからず

学生時代に所属していたサークル等
軟式野球同好会

1 人生の節目・正念場

甲南大学での学生生活で学んだこと、それは、「好きなこと・やりたいことができる」ことが一番幸せであるということでした。

私は子どものころから野球が好きでやってみたいと思っていたのですが、入学した中学校には野球部がなく、友達が入るからと仕方なくバスケットボール部に入部しました。一番やりたかった野球はできませんでしたが、それでもバスケットボール部の活動には一生懸命取り組みました。進学した高校には野球部はありましたが、中学校で野球をしていなかったことから自信がなく、再びバスケットボール部に入部しました。しかし、結局辞めてしまい、高校の３年間は人生で最もだらけたものになりました。

「ずっとやりたかった野球がしたい。」甲南大学に入学した私は、中学・高校で野球経験（特に硬式）のない自分でもやれそうな軟式野球同好会を見つけて入部しました。そこで好きな野球にようやく打ち込めるようになったことも幸せでしたし、野球同好会の先輩・同級生・後輩たちと楽しく充実した4年間を過ごすこともできました。特に同好会の同級生やその友達たちと国鉄（現在のJR）の周遊券を使って旅行したり、甲子園球場のタイガースショップでアルバイトをしたりと楽しい思い出がいっぱい残っています。

このように大学生活を謳歌していたのはいいのですが、卒業後の進路については何も考えていなかったといっても過言ではありませんでした。教職課程を一応取っていましたので、4年次の5月に教育実習で母校の高校に2週間行きました。高校2年生のクラスを担当し、生徒たちとも楽しく過ごすことができたことで、急に教員採用試験を受けようと思い立って準備を始めました。しかし7月の試験までわずか1か月ほどしかなく、当然のことながら不合格になりました。その時はあまり悔しさもなく、その後企業の採用試験を受けて内定をもらい、夏休みに友達と北海道一周旅行に行きました。そんな9月のある日、「自分の人生は本当にこれでいいのかな？」とふと疑問が湧いてきたのです。「やっぱり教師を目指したい」、そう考えた私は、そこから来年の採用試験に向けて、卒業までの約半年間猛然と勉強をしました。おそらく人生で一番勉強したと思います。小・中・高・大学と特に自分の強い意志もなく進学してきた自分が初めてはっきり目標を持って取り組んだ、人生の「節目・正念場」だったのです。

皆さんの今後の人生には、いくつかの大きな節目・正念場があります（留学・就職・結婚・子育て・転職・起業など）。1つひとつの小さな節目で頑張れる人は、大きな節目で必ず頑張れます。

私のこの時の決断は無謀な挑戦だったかもしれませんが、とにかくやってみることが大変大事だと感じました。もしこの時この決断をしていなかったら（もちろん違う人生があったのですが）、後悔していたと思います。「好きなこと・やりたいことができる」これが一番幸せなこと。やらずに終わるより、結果が思うようなものではなくても、とにかくやってみることが大事です。

見逃し三振ではなく、空振り三振の方が、必ず次に繋がると信じています。

2 「人」が財産

大学卒業後に会社に1年間務め、教員採用試験に合格して転職しました。その後神戸市の中学校で社会科の教員として38年間勤めました（現在は退職しています）。

入社1年目、仕事をしながらの採用試験勉強はほとんど時間が取れず、焦りました。会社の仕事は嫌ではなく、会社の人たちもいい人ばかりでしたが、「心ここにあらず」でやっているのは精神的に辛かったです。一方で、企業での経験は、その後の教員としての仕事にプラスになりました。例えば、教員は大学新卒でいきなり「先生」と呼ばれます。これは「自分は偉い？」と勘違いする原因となりかねません。企業では「新卒」、「新人」と呼ばれ、厳しく指導されるのが当たり前ですし、取引先やお客さんに頭を下げたり、適切な挨拶など営業の基本を最初に叩き込まれました。この経験を通じて「初心忘るべからず」…謙虚で真剣な気持ちが大切だと思いました。

また、教員の仕事を通じて「一期一会」の大切さに気づきました。教員になって初めて学年総務を担当した時（40代後半）、卒業式直後に「この子たち（卒業生）は自分の大きな財産だ」と思えたのです。彼らにとっては中学校3年間も大事ですが、卒業してからの方が時間も長く、大事なのではないかということです。

この仕事では本当に多くの出会いがありました。私自身教員生活38年間で12,000人位（部活動や他学年で関わった人も合わせると20,000人を超える）の生徒と出会いました。もちろんそのすべての生徒を覚えているわけではありませんが（相手も同様に）、13歳から50歳まで（退職時）の人と知り合いであるという仕事は、他にはなかなかないと思います。これが教員という仕事の一番いいところ・醍醐味だと思います。中学校で出会った彼らの卒業後の成長や活躍を願い、出会いや連絡を大切にしています。同窓会で会ったり、街で偶然出会ったり、食事や飲みに行ったり、部活の試合や発表会の応援に行ったりできることが幸せです。もし私が教員になれていなかったら、勤務校や所属学年・クラス等が少しでもずれていたら出会えていなかった人たちです。そう思うと、人との出会いを大切にしなければならないと改めて思うのです。

さて、現在（2022年10月）、国際情勢は予断を許さない状況です。私は社会科の歴史の授業で、第二次世界大戦の学習のまとめとして「映像の世紀⑤世界は地獄を見た」（NHK）のDVDを見せて、感想を書かせていました。その内容は、過去の映像の中での出来事ではなく、今現在実際に起こっていることです。そして歴史の最後の授業で3つの格言を黒板に書き、生徒に考えてもらっていました。

＊「愚者は経験に学び、賢者は歴史に学ぶ。」（オットー・フォン・ビスマルク、ドイツ・プロシアの宰相）
＊「我々が歴史から学んだことは 『我々は歴史から何も学ばなかった』ことである。」（広島市内の真言宗大谷派の寺院の門前に書かれていた言葉）
＊「誤解は争い（戦争）を生み、理解は平和をもたらす。」（NHK　シルクロードの最終回より）

皆さんも一度これらの言葉の意味をよく考えてみてください。

3 「思うようにはいかない、やった通りにしかならない。」

学生の皆さんへのメッセージとして、2つのお話を引用させていただきます。

■れんが積み（企業の入社前研修の資料より一部引用）

ある時1人の老人が道を散歩していました。しばらく歩いていると、石工がれんがを積んでセメントで固めていました。そこで彼はその石工に向かって尋ねました。

「あなたは今何をしているのですか？」

するとその石工は「見ればわかるでしょう。わしはれんが積みをしているんですよ。」

2～3メートルばかり先にまた同じ作業をしている石工がいました。彼はまた同じ質問をその石工にしました。

「わしは塀（へい）を作っているんでさあ。」と答えました。

4～5メートル行くとまた石工が同じ作業をしています。彼はこの第三の石工にも同じ質問をしました。すると彼は答えました。

「私は教会を作っているんですよ。」と。

話はこれだけです。しかし、ここで考えてみてください。3人の石工は表面にあらわれた動作だけを見ればまったく同じです。しかし、その気持ちの持ち方が3人とも違っています。

つまり第一の石工はただ型通りれんがを積んでいるだけで「勤務時間中働いていれば賃金はもらえる。」という考えでしょう。

第二の石工は「この1つ1つのれんがを積み重ねることによって、立派な塀を作り上げることができる。」という考えのもとにれんがを積んでいたのです。

さらに第三の石工は「現在やっているこの単純なれんが積み作業も、やがては塀となり、さらには立派な教会となり、そこには何百という礼拝者が敬虔な気持ちでおまいりするようになる。」という気持ちで、その日の来るのを想像しながら毎日れんがを積んでいたからこそ、それが答えとなってあらわれたのです。

■「失敗」は「失敗」ではない（高田　明さん講演会より一部抜粋）

以前、「ジャパネットたかた」の元社長、高田明さんの講演を聞く機会がありました。

長崎県の平戸出身で、大学卒業後は地元で小さな電気店を継ぎ、後に佐世保市で「カメラのたかた」を開店し、その後「通販業界」に進出し、大企業に成長させた人です。その話の中で彼は、「自分は今まで失敗をしたことがない。」と話されていました。

「そんなことはないやろ。」「誰でも１回は失敗しているはずだ。」とみんな思うはずですが、本人は「これは嘘ではありません。」ということでした。

彼によれば、「結果として物事がうまくいかない、うまくいかなかったことは何度もありましたが、それに対して自分はいろいろと取り組んだ結果うまくいかなかったのであって、これは失敗ではなく、試練なのです。次への課題となる試練であって、いろいろとやったこと（努力したこと）は自分の力になり必ず後に役に立ちます。何もしないでうまくいかなかったときが失敗です。」

彼は仕事だけでなく、何をするにもこの考え方でいろいろ工夫して取り組んできたそうです。

どちらの話も共通しているのは、「心（気持ち）の持ち方」ですね。

前向きな発想で先を見据えた考え方ができれば、高いモチベーションで物事に取り組めるし、あまり苦にならないと思います。

人生はすべてが思うようにいくわけではありません。やった通りにしかならないのです。結果はしっかり受け止めて、空振り三振を気にせず挑戦してほしいと思います。

最後にもう１つ格言を紹介して終わりにしたいと思います。

「世界を破壊するのは邪悪な者たちではなく、何もせず彼らを見守る者たちだ。」（アインシュタイン）

些細なきっかけ、偶然の出会い

福田一夫
Fukuda Kazuo

1983年 経済学部卒

株式会社エフエム大阪
編成局 編成制作部
大阪マルチメディア放送
常務取締役

趣味・特技
音楽鑑賞、
スポーツ観戦、
ドローン飛行操縦

好きな言葉（座右の銘）
コミュニケーション力

1 偶然による就職

今思い返してみても、あの日、なぜ私は大学に行ったのか、まったく憶えていません。

4年生の11月になったころでした。10月のうちに企業から内定をいただいて就職活動を終えていた私がその時久しぶりに登校した際、たまたま正門のところで友人に出会いました。その友人が誰だったかということもまったく憶えていません。お茶でも飲みに行くかと言ったところ、その友人がその前に就職指導部に行くと言ったので、それに付き合いました。

友人が就職指導部の方と話をしている間、何をするでもなく求人欄を眺めていました。その時、株式会社エフエム大阪（FM大阪＝FMラジオ局です）の求人を見つけました。11月なのにこれから募集ということでした。私はすでに別の会社に内定をもらっていましたので、普通であればスルーするところです。でもその時、なぜか「面白そうだな」と思ってしまいました。そして「ダメもと」で受けてみたら、なんと内定をいただいてしまいました。大学時代に放送関係のクラブ活動をしていたわけではありませんし、アナウンスの勉強をしていたわけでもありません。特にマスコミに興味があったわけでもありません。本当に不思議な出来事だったと今でも思っています。

この相当に偶然な出来事によってFM大阪に入社した私は、それ以来の40年間をマスメディアの世界で過ごし、現在も関連会社の役員兼務として勤務しています。結果として、本当に自分に合った仕事であったと思っています。

また、実はここ数年、縁あって甲南大学と仕事で関わらせてもらっています。あの時のあの偶然が、ある種運命的なことであったのかもしれません。FM大阪に勤めたからこそ、卒業後に仕事で甲南大学と関わりを持つようになったというか、卒業後にも甲南大学と関わりを持てるように、何か見えざる手が働き、私をFM大阪に入社させたのかとも思えてしまうのです。

2　偶然による仕事での母校との出会い

FM大阪に入社後、番組制作から始まってさまざまな部署で仕事に従事しました。そして自分のサラリーマン人生の終盤に差しかかったところで、これもかなりの偶然で、甲南大学との新たな出会いがあり現在に至っています。

今から5、6年前のことです。「福田さん、甲南大学でしたよね。」と、取引先の方から、甲南学園総務部の谷向次長を紹介されました。しかも谷向さんは、学生時代にFM大阪でアルバイトされていたとのこと。アルバイトされていた時期は、私は東京支社に勤務しておりましたので、当時はすれ違いだったのですが、紹介してくれた方そっちのけで大いに盛り上がりました。

そしてこれも偶然なのですが、その直後、FM大阪が加盟するFM局のネットワークであるJFN（Japan FM Network）の企画で、学生さんが自分の大学をPRするCMのコピーを作るコンテストがありました。応募を増やすために、「ダメもと」で、甲南大学のご協力を谷向次長にお願いしたところ、全学共通教育センターの武田先生をご紹介いただき、武田先生の授業で取り扱っていただけることになりました。武田先生の授業には何度かお邪魔させていただき、企画のコンセプト等を説明する機会をいただきました。

この件、もし谷向次長との出会いがなければ、母校とはいえ、甲南大学にコンテストへの参加をお願いしようなどとは考えなかったでしょう。それをきっかけに毎年、JFN ラジオ CM コンテストには多数の学生さんに応募いただいています。一昨年からは、マネジメント創造学部の青木先生のクラスでもご参加いただくようになりました。

甲南大学の学生さんによる作品は、2022 年を含め 3 年連続で近畿地区の優秀賞を受賞しています。受賞作品は、実際にそのコピーに沿って CM を制作しオンエアされますので、学生さんには FM 大阪のスタジオに来ていただき、CM の収録、編集に立ち会っていただいています。自分の後輩の学生さんが作った CM コピーをもとに、実際にオンエアする母校の CM 素材を制作するわけですから、甲南大学 OB として本当に嬉しく、誇らしい気持ちになります。また、その収録現場は、学生さんから普段の学生生活についてのお話を聞いたり、私が学生当時の昔話をしたりといった楽しい時間でもあります。

このように相当な偶然で FM 大阪に入社することになり、サラリーマン生活の最後に関わっている仕事の 1 つが、母校の方々（学生さんだけでなく、先生方、職員の方）と関係したものだというのは、何度も言うようですが運命的なものを感じます。先日は別の番組企画で、取材のお願いもさせていただきました。甲南大学とのお付き合いがまた深まりました。本当に不思議な気持ちです。

3 「面白そう」、「興味あり」、「ダメもと」で、何かが起こるかも。

還暦を過ぎて、自分の人生を振り返る機会ができて思うことは、日々の暮らしの中で起こるちょっとした出来事の中で、ほんの少しではあっても積極的に選択したものが、結果として今の自分自身を作り上げたんだなぁということです。

これは決して、人生は常にチャレンジだなどと大げさなこと言っているわけではありません。今回は、在学中のある１日に偶然起こったことによって就職が決まり、そしてその会社に定年まで勤めることになり、その中で仕事として甲南大学に関わることになった話をさせていただきました。当たり前のことですが、この他にも、今回のような、さまざまな場面で起こったいくつもの些細なエピソードで私の人生はできています。些細なきっかけで始めたことや、ある人との出会いが、今こうなっているというエピソードは数え切れません。そしてこれからも、もう少し続いていくと思います。

日々の暮らしの中での些細なこと、ちょっとした選択のうち、その時、「面白そう」、「興味あり」、と感じたことに「ダメもと」でも素直に従ったことは、自分自身にとっては一歩か半歩か、ほんのわずかでも前に進んだということですから、それがひとつひとつ積み上がって自分自身の人生を作っていくということなのでしょう。

これは私に限った話ではありません。学生の皆さんにはこれから大きな未来が広がっています。皆さんもそれぞれ、毎日のごく些細な出来事が、将来の自分に何かをもたらしてくれるかもしれません。大それたことを考える必要はありません。時には一番前の席で講義を受けてみる、興味があることを先生に質問してみる、また、勉強だけでなく、今までやったことがないアルバイトをしてみる、気になるアーティストのライブに行ってみる、お店に入ってみる、さらには友人からの誘いに付き合うといった、もっと些細なことも含めて、それがきっかけで、何年後どころか何十年後に、思いもよらない何かが起こるかもしれません。そう考えると面白いですよね。

出会い

武井隆義
Takei Takayoshi

1984年
文学部英文学科卒

名古屋経済大学
市邨中学・高等学校
副校長

趣味・特技
ピアノ、声楽、
アコーディオン、
テナーサックス、柔道、
語学の勉強

好きな言葉（座右の銘）
ともいき（共生）

学生時代に所属していたサークル等
体育会柔道部

1　柔道に賭けた3年間

私は愛知県にある6年一貫の東海中学・高等学校に入学と同時に柔道を始めました。当時東海高校は全国大会出場の常連で、私の6年間の目標はインターハイの団体戦のレギュラーとして、畳の上に立つことでした。6年間私なりに頑張った結果、レギュラーメンバーとしてインターハイに向かうも、試合前日メンバー変更で畳の上に立つことはできず、チームの戦績もベスト16に留まりました。私の中高での6年間で、この時が最も惨めな瞬間でした。インターハイから帰宅し両親の顔を見た時、6年間応援してくれた両親の前で号泣したことを、今も鮮明に覚えています。

中1から高3の8月まで勉強したことのない私は机の前で30分間座ることもできず、大いに困りました。当時私が通っていた高校は愛知でトップクラスの進学校で、同級生の多くは勉強もせず、柔道だけに打ち込んでいた私に違和感を持っていたと思います。ただ当時の私の考えは勉強ができるより、柔道が強い方が価値があるというものでした。そんな私だったのですが、一浪を経て甲南大学文学部になんとか入学することができました。甲南大学を受験した理由は、祖父が神戸に住んでいた事と、この大学なら1回生からレギュラーとして試合にも出られると思ったからでした。こうして将来英語の教師になることを目標に、平穏な大学生活が始まりました。しかし、私が2回生になるとき筑波大学大学院を出られた山崎俊輔先生が体育教師・柔道の指導者として赴任されたことで、事態が急変したのです。

その後の大学生活は地獄でした。月曜日から土曜日まで毎日の朝練、授業後の練習も4時半から8時まで行われ、私の柔道人生で一番練習した、あるいはさせられた時期でした。先生の指導は独特でした。朝練ではよく大学の校庭の松の木に向かって打ち込みをさせられました。またよく「あの校舎を投げるつもりで技をかけろ。」とも言われました。今思うと少し宗教じみた感があります。それでもとにかく、よく練習しました。「そこらの体育大学の学生よりお前たちは練習しているよ。」が先生の口癖でした。私たち柔道部の同期は会うといつでも、「社会に出てからは天国だった」と言って笑い合うほどです。甲南大学のようなおぼっちゃま大学のクラブ活動とは思えませんでしたが、それでも先生の練習にみんなついていったのは、厳しさの中に愛があったからだと思います。その甲斐あって4回生の時、兵庫県学生柔道大会で団体戦、個人戦共に優勝することができました。先生の指導がなければ結果は違っていたと思います。甲南大学柔道部は当時、今のように素質のある柔道選手はおらず、その闘い方はボロボロになりながら引き分け、最後はギリギリのところで相手に競り勝つという、厳しい練習に裏打ちされた「甲南柔道スタイル」でした。スマートさが一切無い、雑草柔道だったと思います。1つの目標のため自分を犠牲にしながらもチーム一丸となって必死に戦った仲間は私の宝ですし、私たちが今の甲南大学柔道部の基礎を作ったと自負しています。

山崎先生が赴任してからの3年間の経験は、私のその後の人生に多大なる影響を与えてくれました。今も甲南大学で過ごした事を誇りに思います。

2 教員として

私は大学を卒業してすぐに、青年海外協力隊員としてガーナ共和国に柔道を指導しに行きました。大学4年間も懲りもせず柔道一辺倒の生活を送ってしまったので、当然英文学科で勉強していたものの、英語には自信がありませんでした。本当はアメリカに2・3年留学したかったのですが、これ以上親の脛をかじれないと思ったので、柔道を教えに英語圏に行こうと考えたのです。私の目標は英語の教員になる事でしたが、英語が話せない英語教師にだけはなりたくありませんでした。それで本来2年だった派遣期間を延長して3年間ガーナで柔道の指導を行い、英語も学びました。その後帰国し、運よく新設校の英語教師になることができました。

私が教師になる目的は、強い柔道部を作ることでした。創部3年で県のベスト8になることができましたが、それからが長い道のりで、10年目に団体で全国大会初出場を果たしました。愛知県から2校出場できる記念大会を、2位で全国大会への切符を獲得したのですが、その試合のことは今でも鮮明に覚えています。さらに県のトップになるのには5年の月日を要し、中学から柔道を初めて30年経過した42歳の8月、団体戦の監督としてインターハイに出場することができました。結果はベスト8で、国士舘高校に惨敗しましたが、私にはある種の達成感がありました。私が選手として出場できなかった高校3年生の時の結果ベスト16を上回ったからでした。また、私が選手と一緒に会場を後にする時、私の高校3年生の時のインターハイで、試合の前日に私をメンバーから外した監督であり私の恩師でもある、当時愛知県柔道連盟会長の伊藤義博先生が拍手で迎えてくれました。その時の感動は今も忘れられません。私は本当に良い柔道指導者に恵まれたと思います。柔道の意味は勝つことだけではありません。負けから学ぶ事が本当に多いと思います。今還暦を過ぎ、実際柔道を教えていませんが、柔道の「精力善用・自他共栄」という精神で教育活動を行っています。

1つ、感慨深い思い出があります。私が以前、ガーナ共和国へ柔道の指導で派遣されていたことはお話ししましたが、2021年に開催された東京オリンピックで、そのときの教え子と再会することができました。ガーナ柔道連盟会長として来日されていたのです。38年前にガーナで3年間指導した教え子と東京オリンピックで再開できるなんて、夢のような話でした。

現在勤めている学校の建学の精神に「世界は我が市場ならずや」がありますが、甲南の後輩諸君も世界に向けて活動発信してほしいと思います。今の自分があるのは、私を支えて下さった多くの先生の存在があったからだと思います。甲南大学に行かなかったならば、何も達成できなかったと思います。これからも私は、教え子の支えになれるよう、恩師の背中を見ながら甲南大学の卒業生として恥ずかしくないように努力していきたいと思います。

3 芸は身を助ける

ここまで、私の柔道の事を中心に書きました。ここまで読むと、大学卒業後青年海外協力隊、中学・高校教員とある意味順風満帆に生きてきたように思えるかもしれません。後輩たちには人生の反面教師になるかもしれませんが、その後の教員生活の事も書きます。42歳でインターハイの団体戦に出場して私の柔道に対するトラウマはなくなり達成感もあったのですが、一方で勝利至上主義の私の柔道には絶えず漠然とした違和感がありました。49歳の夏、その違和感はついに爆発し、22年間勤め築き上げげた柔道部と勤務先の学校を8月31日付けで辞めてしまいました。今でも明確に辞めた理由は見つかりません。

ただ、辞めた事に対する後悔は今もありません。私が突然辞めた事を私の周りの方には理解されていない事もわかっています。しかし少なくとも妻だけは理解してくれました。私にはそれで十分でした。何かすることに理由が1つであることはありえません。こうして、私は50才の誕生日を失業者として迎えました。中学・高校の時の柔道の仲間に誕生日会をしてもらったのですが、何故かやけに晴れ晴れした気持ちだった事を覚えています。その後半年間は充電期間となりました。今まで留学もできなかったので、たった2ヶ月間ですが、カナダに単身語学留学に行きました。12月の末に帰国すると中学・高校の恩師、当時岡崎の大樹寺の住職だった堀田岳丈先生から電話があり今の学校を紹介していただき、現在名古屋経済大学市邨中学・高等学校副校長として勤めています。私は、就職活動をした事がありません。みんなが就活で頑張っている大学4回生の時も就活はせず、海外指導者を目指し柔道に励んでいました。ガーナから帰国した時は、高校の柔道部の先輩で、バスケットボール部で有名な桜花学園高校の理事長をされていた、大谷和雄先生に大成高校を紹介していただきました。またその高校を辞めた後は中・高の恩師から今の学校を紹介いただきました。私の人生を振り返るとピンチが訪れるといつも救世主が現れる本当にラッキーな人生でした。

この幸運がどうして起きたか自分なりに考えてみました。私は中高以来柔道は強くありませんでしたが、人一倍柔道が好きで一番良く練習したと思っています。大学でも一番真摯に柔道に取り組んだと思っています。また教員になっても柔道部の顧問である前に英語教師ですから、他のどの英語教師より英語の勉強をしていると自負していますし、柔道を理由に授業を疎かにした事はありません。今も語学は毎日少なくとも2時間は勉強しています。さらに、趣味で声楽をやっているオペラの内容を原語で理解したいと思いイタリア語を学んでいますし、今年度のNHKラジオドイツ語入門の講師の方が甲南大学野村幸宏先生だったことをきっかけにドイツ語も習い始めています。私は教員として生徒に教える以上、自らも学ぶ態度を忘れない事が大切であり、また自ら学ぶからこそ子供に教えることができると信じています。手前味噌ではありますが、こういう地道な努力をしていると自分から言わなくても見ている人は見ててくれているのだと思います。それが幸運を引き寄せた理由の1つだと思っています。私はもちろん天才ではありませんが、持続することができる天才になりたいと努力しています。神様が私たちに平等に与えてくれたことは、「1日は24時間であること」だけと思います。その時間をいかに有効に使うかが、成功の鍵だと思います。これからも自分に言い訳せず人生を楽しんでいこうと思います。

甲南と私の経営

高橋克実
Takahashi Katsumi

1992年 経済学部卒

株式会社イボキン
代表取締役

趣味・特技
ジム、読書、
寺社仏閣巡り

好きな言葉（座右の銘）
心頭滅却すれば
火もまた涼し

学生時代に所属していたサークル等
体育会アメリカン
フットボール部

1　姫路と神戸

甲南大学への入学を機に、子どものころから住み慣れた兵庫県の西播地域を離れ岡本で一人暮らしを始めました。それまで自分にとって一番の大きな街は姫路でしたが、同じ兵庫県ながら神戸は街の雰囲気も全然違い異国のような気がしたものです。とりわけ海沿いの、工場の多い街で育った自分にとって、東灘区や蘆屋の閑静な住宅街は異次元のような気がして、不思議な感覚が入学後しばらく続いたことを記憶しています。

慣れない日々を過ごしていましたが、大学に進学させてもらう条件が「空手やラグビーなどの激しい運動部に入ること」だったので、どうせやるなら強い部で自分を試してみたいという思いから、1部リーグに所属していた体育会アメリカンフットボール部に入部しました。甲南アメフト部の戦績は私が在籍していた4年間とも1部・2部リーグ入れ替え戦に出場するほどでしたので決して強豪校ではありませんでしたが、それでも仲間たちと本当に素晴らしい経験をさせてもらいました。

入部当初は「先輩との付き合い方」に大変苦労しました。というのも、子どものころから空手の道場に通っており、学校の部活動の経験がほぼなかったためです。練習も厳しく、部員同士がぶつかることも多かったですが、同じ釜の飯を食ったたくさんの同期、先輩後輩と四六時中行動を共にし、試合に勝利しては抱き合って喜び、負けてはみんなで地面に伏せて泣いたりといろんな思いを仲間と共有できたことは私の人生の大きな財産となりました。

また、体育会に所属しているという縁でアメフト以外の体育会の友人も大勢できたことも、今となっては得がたい宝物となっています。

甲南大学では下宿生が少ないということもあり、自宅通学の友達の家に遊びに行くことがよくありました。当時甲南は良家の子女の通う学校というイメージがありましたが、裕福な家庭の子どもが多く、家に行くたびにその恵まれた環境に驚きました。家庭も円満で優しいご両親がいる家庭を見て、豊かさというのはこういう家庭環境から生まれるのだなと感心しました。豊かで大らかな家庭環境や教育環境から、子どもの豊かな人間性が育まれることがわかりました。

こうした環境に触れるにつれ、私も必ず豊かになって円満な家庭を持ちたいと強く思うようになりました。自分の子どもは絶対にこういう環境で育てたいなと思いました。大学時代に友人を通じて知った豊かな世界への憧れがその後の自分の原動力となったのです。

2 自分の世界を変えていく

大学卒業後、甲南のOBが経営する企業に入社、しばらくして結婚し、子どもにも恵まれました。そして子どもが2歳になったころに絶縁状態となっていた父と再会しました。

子どものころからとても恐い父でしたが、私も体が大きくなってからは反抗ばかりするようになり、確執が生じてからは何年も会っていない状態が続いていました。しかし体調を崩しているという話を聞き、姉が取り持ってくれて再会に至りました。妻と子どもを紹介すると、父は大変喜んでくれました。

子どもを授かり親になるという経験を通して、はじめて親というものがいかに未熟であるかということを自分自身の未熟さをもって知りました。自分はそんな親を憎んで反抗してきたのかと思うと本当に申し訳なく感じ、父を少しでも助けてあげたいと考え、姫路に戻り家業を手伝うことにしました。29歳の時でした。

父は社員15名ほどのスクラップや廃棄物処理の会社を経営していました。恐くてややこしいイメージの父でしたが、仕事はとてもまじめで人情深く、社員やお客様からもとても慕われていました。しかし当時は、業界のイメージは荒っぽくトラブルも多く、本当に大変な思いをしてきたと思います。

入社後しばらくしたとき、社員から子どもが会社の前を通った時に会社が汚くて恥ずかしかったと言われました。またトラックの運転手から客先に回収に行った時に鉄クズを手で拾っていたら自分が情けなくて涙が出てきたと言われました。こんな状況下で社員のみんなが頑張ってくれていたこと、そのお金で自分は大学にまで行かせてもらったのかと思うとありがたくて涙が出てきました。

それを機に、社員が家族に誇ることのできる、社員の家族が社会に誇ることのできる会社に絶対にしようと誓いました。

そこからはISO14001の取得を皮切りに会社の5S（整理、整頓、清掃、清潔、習慣）とともに事業拡大を図りいろんなことにチャレンジしてきました。私が35歳の時に父が若くして勇退してくれてからは経営に携わるようになります。解体工事部門、運輸部門、尼崎工場、大阪営業所の開設など会社が成長していく中で大手証券会社のトップの方が何度か弊社を訪ねてくださいました。いずれの方も皆甲南大学の先輩方で、「高橋さん、あなたの業界はこれからますます重要な業界になるからいずれ上場して素晴らしい会社にしていってほしい。同じ甲南出身だし頑張ってほしい」と言ってくださいました。

まさか自分にそんなことができるとは思いませんでしたが、そんなエールに後押しされ、上場に向けての勉強をするようになりました。しかし当時まだ解決しなければならない問題も多く、到底上場は無理だなと感じましたが、いつか必ずそれらを解決して叶えたい、そうすればきっと社員が家族や社会に誇れる会社になるはずだと思いました。

2014年から上場に向けた猛烈なチャレンジが始まりました。業界初の上場を目指していたこともあって準備は難航し、何度もくじけそうになりました。そのたび社員たちの顔が浮かびました。父やこの業界で苦労してきた人たちに喜んでほしい、その一心で頑張った結果、2018年8月2日東京証券取引所のJASDAQスタンダード市場へ上場することができました。

ちょうどそのころからSDGsやESGという言葉が社会に定着していきます。

弊社では気候変動や温暖化などの問題を資源の循環を通じて解決していくために、自らを「都市鉱山開発企業」と標榜し環境破壊を伴う天然資源の採掘を減らし、地球環境にこれ以上の負荷をかけないという使命を強く打ち出しました。

未来の社会では、サーキュラー・エコノミーが当たり前のこととなっていることでしょう。弊社はその草分けとなり、未来の豊かさを支えていきたいと考えています。

3 学生の皆さんへ

この世の中には多くの仕事があり多くの会社があります。中には人のあまりやりたがらない仕事についている人やそれらをなりわいとしている小さな会社もあると思います。当然そういう家庭で育った子どもたちもいるでしょう。しかしその仕事に何らかの社会的な意義を見出しそこに自分のすべてをつぎ込めるのならそこには命が宿り、輝き大きなエネルギーを持つようになります。多くの試練、困難があったとしてもそこに立ち向かうことがまさに自らの使命となり恐怖を取り除き勇気を与えてくれます。またそういう中で育った子どもたちが勉強し知識を得てテクノロジーを導入しその業界をまったく新しい産業へと進化発展させていくことも可能だと思います。

私の敬愛する稲盛和夫氏の言葉です。「すべては思った通り、言葉に発した通りの人生となる。」

また松下幸之助氏はこうも言っています。「ハシゴがあったから上へ登れたのではなくどうしても上に登りたいという強い思いがハシゴを作り出した。」

これらの言葉の通りすべては思いから始まると思います。豊かで大らかな思いが自分の人生と人生を取り巻くすべての豊かな物質的なモノを作り出していくのだと思います。

大学時代は学業、スポーツや遊びを通じ、甲南という日本で最も豊かな環境の中で青春を楽しみ仲間との友情を育みそして甲南を取り巻く豊かな波動を自分自身に目一杯取り込んでいただきたいと思います。それはきっと皆さんの一生涯の財産となるでしょう。私もまだまだ道半ば。あの時感じた豊かさや大らかさへの憧れがこれから何を生み出していくのかとても楽しみです。

親愛なる甲南生の幸福と成功を心より祈願いたします。

FILE 010

二度目の甲南大生からのメッセージ

阪部剛規
Sakabe Takenori

1994年 経営学部卒

株式会社イモラボ
代表取締役社長／
甲南大学履修証明
プログラム履修生
（リカレント教育履修生）

趣味・特技
トレイルランニング

好きな言葉（座右の銘）
浜までは海女も蓑着る
時雨かな

学生時代に所属していたサークル等
greenfield

1 「2回」の学生生活の思い出

大学入学時は生まれ育った和歌山から初めて神戸での一人暮らしが始まり、少しの不安はありましたが、すぐに大学の雰囲気、岡本の街の雰囲気が好きになり、ワクワクしながら大学生活をスタートしたことを思い出します。

入学前の経営学部のオリエンテーションでお世話になったチューターさんにすすめられるがままに、「greenfield」というアウトドアサークルに入部しました。そのサークルで普段はジョギングやトレッキング、いろいろなスポーツを楽しみ、夏休みにはイベントとして、隠岐の島、礼文島、西表島などに行き、キャンプを楽しみました。当時、iCommonsの建っている場所に学生会館があり、そこに部室がありました。部室に行けば必ず先輩や後輩がいるという嬉しさと、自分の居場所があるという安心感を持つことができ、居心地の良い空間で多くの時間を過ごしました。

アルバイトはありきたりのものではなく人と違った経験をしようと思い、当時国道2号線沿いにあった「マック体操教室」で、幼稚園児や小学生を相手に鉄棒や跳び箱を教える先生を4年間続けました。子どもたちを安全に楽しく、できなかったことをできるように指導することに、やりがいを感じました。保護者の方との会話も大人への第一歩として大変勉強になりました。

残念ながら、勉強を頑張ったという記憶はほとんどなく、卒業できるぎりぎりの成績でしたが、甲南大学と岡本の街を満喫しながら、「ここが好き」という感覚がますます大きくなっていく日々を過ごしました。

実は私には2度目の甲南大学での学生生活の思い出があります。2021年4月からスタートした甲南大学のリカレント教育「人生100年時代の学びプログラム」を受講したからです。もう一度学生に戻っての学びは新鮮で楽しく、今までの自分の経験と教えていただく理論や知識が繋がり、深く理解できるという学びを経験することができました。私は「ネクストキャリアをどう生きるか」というコースを選択し、年齢もキャリアもライフスタイルもまったく違うクラスメイトとともに、残りの長い人生をどのように組み立てていくかを学び合い、発表し合い、切磋琢磨しました。現役学生の皆さんと同じ授業で学ぶ機会もあり、現役学生とリカレント履修生が意見をぶつけ合い1つの答えを作り出すという経験もしました。2度の甲南大生としての思い出を持ち、不思議な感覚を味わうとともに幸せを感じています。

2 「変化」し続けるために

現在までいろいろな仕事に携わり、また役割を変えながら働いてきました。学生時代は「アルバイト」という役割で働きました。大人の入り口、社会の入り口という実感があり、働くことの楽しさを知りました。ただ、今思うと当時は責任感は足りておらず、職場のため、お客さんのためという発想が乏しかったように思います。就職活動を経て「正社員」として働いた時は、自分の役割に対する責任感は持っていたとは思うのですが、会社の将来や他の従業員のことまでは考えることができず、自分の実力は棚に上げ、会社の愚痴や不満をこぼしていました。3年間の「サラリーマン」を経て、祖父の代からの家業である鉄工所の「跡継ぎ・後継者」として働き始めました。30代半ばで「経営者」になり、責任が大きくプレッシャーに圧し潰されそうになりながらも、自分が頑張れば頑張るほど成果も上がり、やりがいも大きく、充実した仕事の日々を送りました。

その後経営環境の変化や、自分の適性を考慮して40代半ばで鉄工所を廃業し、新たな仕事を「起業家」として始めました。起業するにあたり、学生時代大好きになった岡本という場所で、学生時代のサークルの仲間と仕事をすることを決めました。現在、「greenfield」というお店を拠点に、「岡本の街の人を健康にする」仕事をさせていただいています。

私のビジネスキャリアは、このように変化に富んだものになりましたが、時代の流れが速く、人生100年と言われるこの時代、まだまだ変化し続けなければならない環境が続くでしょう。また、変化に対応するための学びが常に求められます。一方で、次のキャリアのための即戦力になる知識やスキルを習得することも大事ですが、人生を根本的に見直す場もまた必要なのではないかと思います。履修したリカレント教育での私の卒業発表は「自分流生涯現役を考察する」というテーマでした。いつまでも健康で、自立して、何歳になっても働き続けるにはどうすればよいか、働き方のスタイルをその時々でどのように構築するかなどを考察しました。自分の生活のために働く「カセギ」から社会や次世代のために働く「ツトメ」に少しずつ移行していく働き方なども理想的であると考えました。そういう意味で、今の仕事を良い方向に進めるとともに、2022年9月より甲南大学で開講した「ソーシャルビジネス・アントレプレナー育成プログラム」を受講し、再び学び始めました。働きながら学ぶことは、キャリアデザインを考えるためにはもちろん、ライフデザインを考えるうえでも非常に大切であると、甲南大学のおかげで実感できました。

3 「好き」という気持ちに素直に

1年間、リカレント教育を楽しく履修したのですが、実は学生としてのみならず、現役学生の皆さんの前でゲストスピーカーとして教壇に立つという貴重な経験もさせていただきました。「ベーシック・キャリアデザイン」という授業の中で、「大学生のころの自分に向けたビデオレター」を作成して発表するというものでした。その時の内容が以下のものです。

『今、適当に楽しんでいることや、好きと感じていることが実は全部30年後の未来に繋がっているのですよ。紆余曲折を経てですが、30年後の現在、楽しくてしょうがなかったアウトドアサークル「greenfield」の後輩数人と一緒に、大好きになった岡本で仕事をしているとは思いもよらなかったでしょ。引き続き、自分の「楽しい」「好き」という気持ちに素直に、一瞬一瞬を大切に真剣に学生生活を楽しんでください。勉強については意欲がなく、卒業ギリギリの単位数で悩んでいると思いますが、30年後は勉強が好きになって、もう一度甲南で学び直しの大学生活を送っているのでご心配なく。さて、次の30年後は80歳、また、今この現在と繋がっているのでしょうね。ということは、今を真剣に生きないといけませんね。では、またね。』

現役学生の皆さんに、2点だけメッセージを送りたいと思います。

学生時代の人との繋がりや経験、それらを通して感じた思考や感情が未来の自分を作っていくと私は思います。学生の時の「好き」や「居心地の良さ」が今の私の生活や、仕事に影響しているのは前述の通りです。学生の皆さんには、まだ実感しにくいと思いますが、今が未来と同じ直線上にあることを少しでも心の片隅に置いて、今を大事に丁寧に、「好き」という感覚に素直に過ごしてください。

もう1つは、リカレント履修生を上手に使ってくださいということです。甲南大学のリカレント教育がスタートし、私も1期生として学ばせていただいたのは前述の通りですが、学生の皆さんは多くのキャリアと経験を持ったリカレント履修生が同じキャンパス内、教室内にいるのですからぜひ、気軽に声をかけてお話ししてみてください。リカレント履修生は、現役学生に相談されることを嬉しく思う、次世代のことを考える優しい大人が大半です。

将来的にはマルチステージの人が混じり合い、すべての学生が高め合っているような素敵な甲南大学が目に浮かびます。皆さんで良い大学を作り上げてください。期待しています。

新しい時代を創る皆さんへ

原 邦彦
Hara Kunihiko

1997年
理学部物理学科卒／
1999年
自然科学研究科
物理学専攻
修士課程修了

KDDI株式会社
勤務

趣味・特技
テニス、野球、
ランニング・
体幹トレーニング

好きな言葉（座右の銘）
智、仁、勇三者、天下之
達徳也（智、仁、勇の三
者は、天下の達徳なり）

学生時代に所属していたサークル等
テニスサークル

1 いま想う、恩師からいただいた言葉

学生と呼ばれなくなり、はや20年以上が経ちました。そんな長い時間が過ぎても覚えていることは、大学院修士課程に在籍していたころを含めてお世話になった恩師の言葉です。

恩師は、一般の民間企業で研究職を長くお勤めになった後、教授としてお越しになっていました。当時研究室ができたばかりのころで研究に関する設備が整う前だったため、論文を読み合わせ、その内容を実験してみることが多かったと記憶しています。新たなことを研究するということはあまりできませんでしたが、どこか楽しさを感じる研究室でした。そんな中、恩師にいただいた言葉が、『過ぎたこと、過ぎた時間も大切だけど、最も大切なのはいま』です。恩師には、「確かにそうですよね。」などと返答しておりましたが、当時の私は、過去やいまの違いを意識することもなく平凡に毎日を過ごしており、その言葉の意味がわかるようで、あまりわかっていませんでした。もっと言いますと、あまり深く考えていなかったのだと思います。

今回、このような文章を執筆することになり、学生時代のことを思い出そうとさまざまなタイミングでいろいろなことを考えてみました。いつも一緒にいた友人のこと、けっこう真剣に練習したサークルのことなど、思い出すことはたくさんありました。そんな中でも、はっきりと具体的に思い出されたのが、恩師からいただいたこの言葉でした。

ここで少し話が変わりますが、年齢が上がれば上がるほど、時間が経つのが早いと感じることはありませんか？　幼いころは、ほぼすべてのことが初めて接する、初めて経験することで、そのすべてにおいて感じることや考えることがたくさんあるそうです。一方、年齢が上がり経験を積み重ねることで、その都度感じることや考えることが少なくなるそうです。ようは、慣れるということですが、その分、新たなことを経験するときに感じるワクワク感が減ってしまっていると思いませんか？　しかし、過去の経験があるからこそ、スムーズに物事を進めることができたり、困難なことを予測し先に手を打つことができたりします。また、過去の失敗があるからこそ、同じ失敗を起こさないため対策も打つことができます。つまり、『過ぎたこと、過ぎた時間も大切』ですよね。

いま私が働く企業では、お客様とともにワクワクを感じる未来（おもしろい方の未来）へ、お客様とご一緒できるよう常に考えています。ワクワクを感じる未来は、全員が初めての経験であり、試行錯誤の繰り返しかもしれません。失敗することも、やり直すことも何度もあります。だからこそ、いまが大切なのかもしれないと考えるようになりました。日々の中では、やりたいことができるわけではなく、また、簡単でないことやうまく行かないこともたくさんあると思います。私も仕事の中ではそう感じることばかりです。ですが、お客様や仲間にワクワクを感じてほしいと思うことで、乗り越えてくることができたと思います。

『最も大切なのはいま』

今回、思い出すことができたこの言葉を、これからも大切にしていきたいと考えています。

2　仲間とともに守るのは世界

皆さんは通信と聞いて何をイメージしますか？　やはり多くの方はスマートフォンでしょうか。その他としては、インターネットやSNSなどでしょうか？　私が会社に勤め始めたころの通信といえば携帯電話です。多くの方々が携帯電話を持ち始め、どこにいても相手と繋がることができることに、とても驚いた記憶があります。その後、携帯電話は通話だけではなくメールが使えるようになり、さらにWEBサイトが閲覧できるようになりました。パソコンで利用していたメールやWEB閲覧が、手の中にある小さな機器で使えることに感動を覚えました。その後さらに発展し、いまでは皆さんが日々利用するスマートフォンが出てきました。スマートフォンが変えた世界は皆さんもよくご存じですよね。皆さんのアイデアや工夫でこれからさらに発展し、世界は変わっていくと思います。また、車やドローンなどさまざまな機器に通信の機能がつくことで、高齢化する社会でも多くの方々に、より良い生活をお届けすることができると思っています。

これらスマートフォンや多くの機器は、インターネットという誰もが利用できる通信環境に繋がっています。誰もが利用できるからこそさまざまな世界が広がるのです。一方、法を守らず、他人に迷惑をかけるような行為を行うサイバー攻撃が年々増えています。これからの世界の発展を止めないためにも、これらサイバー攻撃を防ぐセキュリティ対策が重要となります。私は、いまこのセキュリティの領域を中心に仕事をしています。

皆さんは、セキュリティといえば、何を思い浮かべますか？　ホームセキュリティや警備・警護などの物理的なセキュリティもありますよね。私が関わるセキュリティはインターネット上のセキュリティ（いわゆるサイバーセキュリティ）です。サイバー攻撃は、他人に成りすまし個人情報を不正に使用するような攻撃から、国や金融、病院など生活に欠かせない事業体のシステムを攻撃し、社会インフラを止めてしまうような攻撃まで幅広く存在します。

皆さんがニュースなどで目にするものは、氷山の一角でしかありません。世界で起こる戦争や紛争、先進国トップの発言や行動など世界情勢によっても、サイバー攻撃の頻度や対象は変わります。また、これらサイバー攻撃の手法は、どんどん高度化しています。

私の仲間たちは、新たな技術や攻撃手法を調べ、対策を考えます。また、攻撃を受けた企業からの依頼に基づき、発生内容を調査し影響範囲を特定しています。私は、そんな仲間たちからの情報をもとに、お客様の現状をヒアリングし、お客様のビジネスに沿った対策の提案を行っています。初めて耳にするような事象も多く、いつも学ぶことから始まる日々ではありますが、高い専門性を持つ仲間たちと力を合わせ、これからも世界の企業を守り、社会の発展・成長を支えていきたいと思っています。

3　私が大切にしている３つの言葉や考え方

私が社会に出た約20年前と、学生の皆さんが社会に出るこれからとでは、変化していることがいくつもあると思います。働く人と会社との関係や人種や性別などを超えた多様性への理解など。皆さんからしますと、下記３つの言葉やメッセージは、「とても古い言葉や考え方」かもしれません。そのため、皆さんにとってなじみのないものかもしれませんが、新しい時代を生きる皆さんの参考になれば幸いです。

１つ目は、「凡事徹底（ぼんじてってい）」です。意味は、当たり前のことを徹底的に行うことです。

よく例示されるのは、メジャーリーガーであったイチローさんです。生まれつき才能があったからではなく、当たり前のことを他の人より「徹底的」にやり切ったからこそ得られた結果だと言われています。イチローさん曰く、「手の届きそうな目標を設定すること」や「またやりたいなと思うようなワクワクする気持ちを作り続けること」、これら２つが大切だそうです。ちなみに、そんなイチローさんの言葉で私が好きな言葉は、「小さいことを重ねることが、とんでもないところに行くただ１つの道だ」です。

２つ目は、「中庸（ちゅうよう）」です。皆さんは、中庸という言葉をご存じでしょうか？

偏りがなく、いつも変わらないといった意味の言葉です。つまり、どちらか一方に偏ることがなく、バランスのとれた状態を指しています。日々の忙しさにより、ついつい目の前にあることだけで、偏った結論を導いてしまうようなことはありませんか。中庸を意識することで、冷静に現実を見つめ、何が大切なのか客観的に分析し、もう少し様子を見て判断することができると思います。

３つ目は、「主語を相手に置く」です。これは、私がいつも心がけていることです。サークルや部活、研究室での活動において、周りの人たちに助けてもらうこと、力を合わせてやり遂げることはよくあると思います。仕事においても同様なことがあります。まず、１人で仕事を成し遂げることは素晴らしいことです。社会に出ると、その力をつけるのが一歩目になります。次のステップとしては、自身が持つノウハウを周りの人たちに伝え、多くの方々に協力を得ながら、もっと大きな結果に繋げることを求められます。一方、人の考え方や目指すゴールはさまざまであり、時々の事情も異なります。そんな中でも他の人の協力を得るには、相手を知り、理解する。そして、自分を知ってもらい理解してもらうこと。そのうえで、互いを尊重し認め合うことが重要だと考えています。尊重し認め合うことは簡単ではありません。物事がうまくいかないときこそ、自身が一歩下がり、相手を尊重して考えることをお勧めします。

これからの社会は、新しい技術により、まだまだ発展し便利になっていきます。そんな新時代を創るのは皆さんです。どんな新時代を描くかは１人ひとり異なると思いますが、自身を信じ、臆することなく一歩ずつ前に進んでください。壁にぶつかったとき、迷ったときに、これらの言葉を思い出していただけますと幸いです。

最後までお読みいただきましてありがとうございました。皆さんのこれからの人生が広がり、豊かになることを願っております。

FILE 012

人生に正解はない。すべてが素晴らしい！

安藤孝志

Ando Takashi

1997年 経営学部卒

株式会社三宮一貫樓
常務取締役

趣味・特技
ゴルフ、食べ歩き、
お店ご紹介

好きな言葉（座右の銘）
一隅を照らす

1　ありきたりな青春時代

1993年、私は1年間の辛く孤独な浪人生活を経て、甲南大学に入学しました。

鬱屈した1年を過ごした末に手に入れたあこがれのキャンパスライフでしたので、その反動から、入学当初より勉学よりも合コンやレジャーに比重を置いた、浮ついた毎日を真剣に楽しんでいました。友人と遊べば朝まで三宮で飲み明かし、新しいゲームが発売されれば1日の大半をそれに費やすなど、思い返してみても赤面してしまうほどの自堕落な生活でした。一方、そんな軽薄な刺激が長続きするはずもなく、部活動など真剣に打ち込めるものがない自分に次第に焦りを募らせていきました。

2回生の後半あたりになると、あれだけ楽しいと思っていた大学が私にとって少し苦しい場所に変わっていきます。大学生活も残り半分ともなると、卒業後にどうする、どうなるということをリアルに感じるようになったのです。友人たちを見渡しても、自分自身で何かしらの目的を見つけて、それに邁進していく人たちが増えていきます。そんな友人たちと何もない自分とを勝手に比べて劣等感にさいなまれる日々を送っていた時、そんな憂鬱な気分を根こそぎ吹き飛ばす出来事が発生します。

1995年1月17日午前5時46分
淡路島北部を震源とするマグニチュード7.3を観測した阪神淡路大震災が発生。

その日は大学の後期試験中で、私は及第点ギリギリの試験を控え朝方まで試験勉強をしていました。少し仮眠を取ろうと布団に入ってすぐ『ゴゴゴ…』という音に、これって地鳴り？　と思った刹那、ドンッ！　という衝撃が襲いました。激しい振動はたて揺れとなり、突きあげられたかと思うと、今度はユッサユッサと家ごと神輿に担がれたような激しい揺れに襲われました。私は本能的に布団をかぶり、激しい揺れの間、言葉にならない叫びを布団の中で上げていました。
揺れがおさまってみると家屋の被害は幸いタンス等が倒れただけでした。これまで大きな地震をほとんど体験したことがなかったもので、家族と顔を見合わせた際には「今ので震度4くらいかな？」ととぼけたことを言っていた記憶があります。電気が復旧し、映像で変わり果てた街の様子を見て、はじめてこれは大変なことが起きたのだと感じました。
大学の被害も甚大でした。後期試験はすべてレポートに振り替えられ、校舎の大半が被災して、その取り壊しと仮設校舎の建築がなされ、ようやく授業が再開されたのは6月ごろだったと記憶しています。神戸を拠点に展開している家業、三宮一貫樓もかなりダメージを受けました。「お家の一大事」だと母親に家業に入ることを厳命されたのもこのころで、授業のない日はほぼ店の手伝いに入ることになりました。横暴ともいえる母親の言葉を素直に聞き入れることになった要因の1つが、大学時代に真剣に打ち込むものがなかったこと、というのは、今思い返してみても皮肉なことだといえます。

かくして私の大学生活は「浮かれ」「迷い」「沈み」「働く」という過程を経て、特に何も成すこともなく終わりを迎えたのでした。

2 未来を信じることの強さ

卒業してそのまま入った家業である中華料理店、三宮一貫樓の看板メニューは、豚まんです。昭和29年創業以来現在に至るまで、私たちのもとに数々と訪れた難局を乗り越えることができたのは、この豚まんのおかげでした。

私は4人兄弟の末っ子で、姉と兄2人もすでに家業を支えていました。業績が良くないことは家族、特に両親の顔色を見てうすうすわかっていました。その原因は被災したことだけではありません。地価高騰を招いたバブル経済に巻き込まれたことが大きな要因でした。

バブル景気中期、狂ったような不動産売買が横行し、地上げ屋、土地転がしという言葉が世間をにぎわせていました。繁華街の中心にあった当社の本店は、まさにその渦中にあって、不条理な立ち退きを宣告されました。しかし、先代社長である父親は断固拒否の姿勢を貫き、裁判で和解を勝ち取ります。字面だけだと美談に見えますが、和解後はその土地を買い取らなければならないという現実に直面します。当時は土地が食い物になった時代です。投機目的でオーナー変更を繰り返すたびに土地の売買価格は暴騰しており、和解後に3人目の大家である先方から提示された40坪の土地建物の価格は、12億5000万円でした。「坪単価にして3000万円超」という価格について調べたことはありませんが、神戸でもベスト3に入る取引価格ではないでしょうか（苦笑）。さらに言えば、私が入社した当時の負債総額はすでに20億円を超えていましたので、1個140円の豚まんを販売する商売人がするスケールの借金ではないことは明らかでした。

20代前半から30代後半まではこの負債を返すことが私のビジネスの使命となりました。といっても借金返済のウルトラCがあるわけでなく、したことと言えばただひたすらにハードワークであり、私の20代はブラックという言葉が生ぬるいと思えるほどの労働の日々でした。朝9時に事務所に入り18時から夜中の2時まで店番をして、そこから工場でスープを炊きに入り朝7時出荷で仮眠、また9時に事務所へ入る毎日。決してハードワークの自慢をしたいわけではありません。ですが、この経験があるために少々のことでは動じない自分がいます。

負債返済に向けた日々のほかにも、窮地と呼ばれる時期はありました。記憶に新しい新型コロナウイルス感染症拡大も、家業の存続を揺るがす危機ではありましたが、震災後の負債返済に比べたら、まったく大したことないとも感じていました。業績を支えた要因は鉄道会社からの効果的な出店オファーやテレビ通販でのブレイクなどさまざまありますが、一番は希望を信じ、あきらめることなく行動をしてきたこと、これに尽きます。しんどい時には腐った時期もありましたが、「将来はきっと大丈夫」と漠然とした、根拠のない自信を持ち、愚直に行動をし続けました。そのメンタルを支えた土台は、両親の負けん気と、注いでくれた愛情に他なりません。それらのおかげで安心して前だけを向いて走ることができました。願わくば次は私がその役割を担い、次代に繋ぐことができれば幸せに思います。

3 人生100年時代に持つべきマインド

私は来年50歳を迎えます。前述したように私は冴えない学生時代を送り、20代30代をビジネスというのもはばかられるような労働に明け暮れた人生を送りました。おかげさまで「三宮一貫樓」という屋号は地元ではそれなりに知られた存在にはなってまいりましたが、まだまだ人さまに誇れるようなものであるとも思っておりませんし、これからの時代を担う皆さんに偉そうに人生の手本たる道筋を示すなんてことはおこがましいと思います。

そんな私ではありますが、もし皆さんに伝えるとすれば、どんな学生時代を過ごそうともその時にしたいことをすればいいということに尽きるかと思います。それは部活動やボランティア、留学やアルバイト、学生起業などでもいいでしょうし、はたまた私がやっていたように遊びに明け暮れてもいいでしょう。時に色ボケと言われるくらい恋人におぼれてもいいとも思っています。その時に抱いた思いに素直に従うべきだと私は考えます。

私の生業である飲食業界は、比較的若くして一国一城の主となる人が多い業界です。同級生の中でも20代で独立、30代前半で繁盛店のオーナーになる人たちが出てきました。そのころの私といえば、親の庇護の下（と勝手に思っていた）で単純労働に明け暮れており、著しく低いセルフイメージで同級生の活躍をねたみ、そんな自分に心底嫌気がさしていました。そんな他人と自分とを比べて焦りを募らせていたころに救われた言葉があります。

「人は遅咲きの方がカッコいい」

本の一節だったか、人から言われたことかは忘れてしまいましたが、この言葉に出会い、はじめて自分のがんばりを肯定できた気がしましたし、今のしんどさは40代50代になった時に必ず実を結ぶと信じられるようになりました。ちょうど50代に差しかかる今に振り返ると、まだまだ大輪の花とはいかないまでも、若き日に人より少ししんどい思いをして伸ばした根っこの分だけ花が咲き始めていると実感します。だから今回このような執筆の機会もいただいたと思っております。

人生100年と言われる時代にあっては、40代の私でもまだまだ若手の部類に入ります。ひと昔前であれば「不惑（ふわく）」と言われた年代ですが、まだまだ惑うことも多く、遅咲きの盛りはまだまだと感じております。若さの特権、それは迷っても、悩んでも、時間が膨大にあるということです。

皆さん、大いに迷い、大いに悩んでください。その迷った時間の長さや悩みの深さが数年後の皆さんの血となり肉となっていることでしょう。いつか振り返ってみた時、自分に起こったことは良いことも悪いこともすべてギフトであったとわかるはずです。一歩一歩あじわい尽くしながら素晴らしい人生を歩んでいってください。応援しています。

これも一局、それも一局

安達健太
Adachi Kenta

1998年
理学部応用化学科卒／
2000年
自然科学研究科
化学専攻 修士課程修了

山口大学大学院
創成科学研究科
准教授

趣味・特技
読書
（最近積読ばかりです）

好きな言葉（座右の銘）
真面目に不真面目

1 人間万事塞翁が馬

1994年4月1日、甲南大学理学部化学科に入学しました。入学宣誓式当日は、穏やかな陽気だったと記憶しています。正直に書きますと、「甲南大学」は、第一志望の大学ではありませんでした。しかし私は浪人するという決断ができず、「神戸」・「東灘」・「岡本」というハイソな雰囲気が良いという他愛もない理由で「甲南大学」への入学を決めました。

そんな軽い動機からの大学生活スタートということもあり、4月は、高校まで大好きだったはずの化学の講義を受けてもうわの空でした。その当時大学キャンパス内で一番高い建物だった2号館の窓辺から、眼下に広がる東灘の街並みを眺めては、「このまま仮面浪人しようか」と考えていました。後ろ向きな思考にとらわれていたのだと思います。大学生活を前向きに考えられるようになってきたのは、ゴールデンウィーク明けだったと思います。私の中に『ちょっと気になる講義』ができたのです。その講義は「化学」ではなく、「論理学」・「倫理学」・

「心理学」・「哲学」でした。高校の授業とはまったく違う、まさに大学の講義でした。とても難しい内容でしたが、自分自身の視野の狭さ・考えの浅さを客観的に知り、自分を取り戻すきっかけとなった思い出深い講義です。（専門の「化学」の講義ではなかったというのが重要なポイントだと思っています。）

当時の理学部学生は、広域副専攻科目（他大学でいう共通教育科目）として「リベラル・アーツコース」を選択する必要がありました。リベラル・アーツとは、古代ギリシャに起源を持ち、自由七科（文法、修辞、論理、算術、幾何、天文、音楽）にちなむ名称です。近年、各教育機関は、データサイエンスの基礎的リテラシーを高めるべく文部科学省が推進するSTEAM（スティーム）教育（Science：科学、Technology：技術、Engineering：工学、Art：リベラル・アーツ、Mathematics：数学の頭文字を組み合わせた教育概念）を実践しています。中でも創造力豊かな人材育成に必要とされているリベラル・アーツ教育の重要性は高まりつつあります。

今から約30年前に、共通教育カリキュラムとしてリベラル・アーツに関する多くの講義科目を開講している総合大学は、決して多くはなかったはずです。もし甲南大学ではなく、他大学に入学していたら、理系の私が「論理学」・「倫理学」・「心理学」・「哲学」について学ぶ機会は、おそらくなかったでしょう。『数理論理学』・『メタ倫理学』・『ジョハリの窓』・『自我と非我』について真剣に考えることもなかったかもしれません。化学とはまったく関係ないこれらの講義・項目ですが、企業、そして大学などの多様な主体・分野が連携するプラットフォームを構築し活動を展開していくうえで、とても役に立っています。

人生の中で、何が災いして何が幸いするかは本当にわかりません。

2　生きてるだけで丸儲け

1995年1月17日早朝の激震により、神戸の街並みは破壊されました。この時を境に私の人生観は大きく変わりました。

未曾有の震災により一変した大学生活でしたが、良い友人・仲間・先輩・後輩・先生に恵まれ、乗り越えることができました。甲南大学が持つ伝統・校風も、背中を押してくれた気がします。大学卒業後、化学に関する専門性を身につけたいと考え、甲南大学大学院自然科学研究科に進学、修士課程を修了した後、当時西宮市に本社・研究所があった松村石油研究所（現：MORESCO［本社・研究所：神戸］）に入社しました。再び正直に書きますと、「松村石油研究所」は、第一志望の企業ではありませんでした。当時は「超就職氷河期」のド真ん中で、新卒求人倍率も１倍を割り込む状況でした。就職しない知人（今でいうフリーランス？）も周りにチラホラいましたが、私にそのような選択肢・勇気はありませんでした。入社後、すぐに研究部に配属され、新規商品開発のプロジェクト構成員として機能性材料の基礎研究などに従事しました。

海外出張における１つのエピソードについて書きたいと思います。現地の研究所にて行われる技術・営業ミーティングに、商品開発における技術系研究者として出席しました。相手側から参加した技術系研究者は４名。いただいた名刺には全員 PhD（Doctor of Philosophy ＝博士号）の文字がありました。ミーティングが始まり私が商品技術に関する説明を始めると、相手研究者から手が挙がり「あなたは、PhD（博士号）を持っているのか？」との質問。「私は博士（Doctor）ではなく、修士（Master）だ」と答えると、相手は目を丸くして無言のまま。以降、相手側の技術系研究者が私の話を真面目に聞くことはありませんでした。…というより、露骨に完全無視されました（笑）。博士号を持っていないと言った私を“自称研究者”（素人）と認識したのでしょう。研究者が博士号を持っていないなんて海外ではありえないことですから…。今となっては笑えるエピソードですが、その当時の私にとっては、ハンマーで後頭部を叩かれたような衝撃でした。また同時に「必ずや博士号を取り、世界で通用する“プロの研究者”になる」と固く決意した瞬間でもあったと思います。

『鉄は熱いうちに打て』ということで、すぐに博士号取得の準備に取りかかりました。修士課程時にお世話になった茶山健二先生からのすすめもあり、2003年に大阪大学大学院理学研究科の博士後期課程へ会社に在職したまま進学しました。渡會仁先生（現大阪大学名誉教授）のご指導の下、2006年に博士（理学）を取得することができました。その後、2009年に会社を退社して、山口大学大学院理工学研究科（当時）の教員として着任しました。

研究者として、そして大学教員として「何をすべきか」・「何ができるか」を常に考えています。私にできるのは、自然の謎を解き明かすべく研究に没頭する姿を学生に示し、「化学」という媒体を通して学問の大切さと面白さを若い学生に伝えることのようです。正解はありません。世の中には答えのないことばかりです。先ず隗より始めよ。

『人間生まれてきた時は裸。死ぬ時にパンツ１つはいてたら勝ちやないか』

3　新たな一局を、人生を歩いている

『例外無き法則は無し・法則無き例外は無し』。これは博士後期課程在籍時に池田重良先生（大阪大学名誉教授・故人）からいただいたフレーズです。「大量の実験データの中に埋もれた法則性を見つけ出し、それを利用しながら新しい概念を構築しなければいけない。しかし、必ず存在する例外を例外として受け入れる柔軟性が研究者には必要だ。」とも諭していただきました。このフレーズはとても万能で、単に研究だけでなく、人生にも当てはめることができます。

『集団の中に何かしらの共通点【友人・仲間】を見出し、さらに、さまざまな状況・場面において、その共通点が成立する法則性【価値観・知性】を構築しながら、日々織りなされていくもの』、これを人生というのでしょう。その法則には、必ず「例外」が存在するのです。ここでいう「例外」とは、人生観を変えた出来事とか、後年「恩師」・「師匠」と呼ぶ人だったりするのでしょう。大学生活の中で、「あの経験があったから、あの人と出会えたから、

今の私がいる」と思えるような出来事・人にたくさん触れ合ってください。人生における「例外」をありのまま、柔軟に受け入れてほしいと思います。皆さんの人生はより豊かになります。

大学教員になって、はや10年が過ぎました。私の研究室からも多くの学生たちが学びを終えて、社会に巣立っていきました。卒業していく研究室の学生にいつも手渡すメッセージがあります。「知ることは楽しい。学ぶことは楽しい。」私が体験してきたこの純粋な感動を伝えたいという思いからです。そのメッセージを皆さんにも送ります。この先の人生に幸多からんことを祈って…。

「これも一局」

この言葉、将棋や囲碁の対局後の感想戦（対局者同士が内容を検討する）の中でよく使われる。1つの局面で考えられる手が複数ある場合、実戦ではこの手を指したが、別の手だったらどうだっただろうか？　とお互いに検討する。そこで「これも一局」となる。要するに「どちらの手を選んでもよい。それぞれが一局の勝負になっただろう」というような意味である。なんと清々しい言葉だろうか。

今、自分の胸に手を当てて大学生活を振り返ってもらいたい。気心の知れた友人、定期試験勉強、アルバイト、研究室配属、研究室生活…良いことも悪いこともたくさんあったはず。まさに「これも一局」である。

これからの人生でも同じことだと思う。なぜなら“人生は選択の連続”だから。遠い未来の自分が今のこの時代を振り返る時が必ず来る。その時、「これも一局」と清々しく自分自身を評せるか？　そのための努力を決して惜しんではいけない。

あなたは今、新たな一局を、人生を歩いている。

岡本で過ごした6年間

田村謙太郎
Tamura Kentaro

1999年
理学部生物学科卒／
2001年
自然科学研究科
生物学専攻
修士課程修了

静岡県立大学
食品栄養科学部
環境生命科学科
准教授

好きな言葉（座右の銘）

Everyone you meet is fighting a battle you know nothing about.

1　未来は霧の中だけど

「正志く　強く　朗らかに」、とは平生釟三郎さんの言葉ですが、自分の学生時代を振り返ると、決してそうではなく、むしろやや右斜め下向きな学生生活であったように思います。そんな私がこのような文章を書くのはとても気恥ずかしいことなのですが、少しだけ振り返ってみます。

大学入学直前、高校３年生の卒業式の日まで戻ります。その日学校で最初に目に映ったのは、大きな地震のせいでボロボロに傷ついて崩れそうになっている校舎でした。それまで当たり前に建っていた建物が、たった１日のうちにもう決して立ち入ることができない状態になっていたのを、私はなぜか直視できずに横目にしながら足早に通り過ぎてしまいました。哀しいとか寂しいとか混乱といった感情がぐるぐるに渦巻く非日常を、当たり前の日常として受け入れざるを得なくなったその春、私は甲南大学へ入学しました。入学当初の甲南大学は、グラウンドに急遽建てられたプレハブでほとんどの講義が行われ、壊れた建物を再び立て直す工事の大きな音が常に鳴り響く環境でした。今思うと、そんな環境でも新入生はそれなりに適応していっていたと思います。むしろ、教職員の方々のご苦労は相当なものであったのではないかと推察します。

私の好きな曲に「未来は霧の中に」というのがあります。イントロから終始、鉛色の音が響く浮遊感タップリの短調の曲です。未来は決して見ることができないとか、光と影はいつも一緒にやってくるとかのメッセージが込められています。重たい曲調がずっと続きますが、最後に長調の和音がさりげなく流れて救われます。大学院を含めて、甲南大学では6年間お世話になりました。4年次の卒業論文のための実験や大学院での研究活動といった時間を慌ただしく駆け抜ける中で、あの入学前の混乱は時折胸を締め付ける痛みとして心の奥に取り残されたものになってしまいました。確かに、未来なんてよく見えません。未来だけでなく、多くの人にとって、過去も時間とともに霧の中に閉ざされていきます。重要なのは今の自分が長調の和音を聞き逃していないかどうかだと思います。

2 いつか

大学・大学院を卒業後、いろいろあって私は大学で研究教育の仕事に携わっています。理学部に入学しましたが、当初は特に研究者になるという強い思いがあったわけではありません。生物学科を選んだのも、高校の時に生物の試験だけなぜか簡単だったから、というかなり軟派な理由からきたものでした。

現在は植物科学の研究をしています。植物を研究するきっかけは、大学4年生の時に所属していた研究室が植物を扱っていたから、というこれまたノープランというか見切り発車というか何も考えていないかのような理由です。しかしながら、その軽い考えで始めた植物の研究はいつの間にか自分の仕事となり人生の一部となりつつあります。

動かないことから、植物は生きているモノとして捉えないときがあります。私も研究を始めた当初はそのように感じていたかもしれません。しかし彼らは動かなくても生きられる術を身につけている生きものです。そして最も重要なことは、私たちは植物なしでは生きていくことはできません。彼らの作り出す酸素やエネルギー資源や薬用化合物に頼って生きています。私の現在の研究は植物が独自に編み出した生きる術がどのような遺伝子によって支配されているかを明らかにしようとするものです。いろいろな遺伝子が明らかになってきました。それらの遺伝子の働きを知ることで、植物のことをもっと理解し、持続可能な人類の営みに貢献できればと思っています。

凡て人は皆天才である、とは平生釟三郎さんの言葉です。私の現在の教育理念につながっています。率直に言えば、天才かどうかはひとまず置いておいてその人のキラリと光るところをできるだけ見つけてあげたい、というのが正直な個人的気持ちです。大学では普段の講義に加えて、自身の研究室で植物科学に関連した研究を学生とともに行っています。自分自身が先頭を切って実験をして…、というよりも指導学生さんが自分で実験をし、いろいろな人たちとの議論を通じて新しくて面白いものを見つける、というところにこの仕事のミソがあると思っています。皆、その人にしか気づかないことやその人にしかできないことが必ずあります。それをなんとかして見つけてあげて上手にそれを引き出せたらなと思っています。

3 旅に出たい

学生時代、アルバイトで貯めたお金を使ってインドを2か月間、2回旅行しました。いわゆるバックパッカーにあこがれて、というのが理由です。身軽な格好で、訪れる街はその時の思いつき次第。そんなスタイルに憧れていましたし、何よりインドに行けば人生観が変わるみたいな話を聞いていたので、期待に胸を膨らませながら訪れました。しかし、ひ弱な日本の若者にとって、彼の地は予想以上に厳しいものでした。人生観とか考える余裕なんてなく、ただ日々を頑張って過ごすような旅になりました。勝ち負けでいうと完全に負けた旅でした。しかも２回も。

帰国後、人生観が変わらなかった自分はひょっとしてどこかおかしいのだろうか？　と人知れず真剣に悩んだりもしました。今考えれば大した人生観なんて持っていなかったからだけなのかもしれませんが。ただその後年月が経って、イギリスへ留学したり仕事で海外に行ったり、そこで海外の友人ができたりを経験してきました。インドで人生観は変わりませんでしたが、海外を訪れることのハードルは限りなく低くなったのかもしれません。あの時は負けた旅だったけれど、今の自分にとっては失敗ではなかったのかもしれません。

人生は旅である。という有名な言葉があります。人生なんて大それたことは考えなくてもいいと思いますが、旅はオススメです。どこか遠い国でもとなり街であっても、新しい何かに触れるのが旅の醍醐味だと思います。その時は触れたことに気づかないかもしれません。でも、いつの間にかできたキズが後からズキズキと痛むように、時間が経てばどこからかひょっこりと目の前に現れることもあります。可能な限りいろいろなモノを見たり触れたりしてください。外の世界に足を踏み入れたり、新しいことを経験したりするのはそれなりのコストとパワーが必要です。面倒でしんどいときもあります。でも飛び込めばそこから得るものが必ずあります。皆様のご活躍を心よりお祈り申し上げます。

FILE 015

研究と競技の両輪から見えるもの

後神進史

Goko Shinji

2000年
理学部物理学科卒／
2002年
自然科学研究科物理学
専攻 修士課程修了／
2006年
自然科学研究科物理学
専攻 博士後期課程修了

原子力規制委員会
原子力規制庁 長官官房
技術基盤グループ
システム安全研究部門

趣味・特技
ボート競技、バイク

好きな言葉（座右の銘）
正気に戻ったら負け！

学生時代に所属していたサークル等
体育会漕艇部
（現ボート部）

1　研究生活

私は子どものころ、時計や家電を分解して、中身がどうなっているかを見るのが好きでした。そして、高校の時に自然法則がどうなっているかを考える物理学に興味を持ち、大学は物理学科のあるところをと考えたわけですが、甲南大学を志望した最終的な決め手は大学入試過去問題集（赤本）でした。知識を無機質に暗記したり、試験問題の解き方を練習すること（いわゆる受験テクニック）に興味が持てなかった自分にとって、当時の甲南大学の試験問題「●●の法則を導け。」という本質的でありながら簡潔な過去問に痺れたのです。

晴れて甲南大生となることができ、さらに気がつけば大学院生になった私の学びは研究というステージに移行します。所属した原子核研究室では、粒子加速器施設に独自開発の放射線検出器を持ち込み、核反応による現象を測定したりするのですが、研究の過程で２年弱ほど出向した産業技術総合研究所では、電子加速器の運転や保守、一部改良まで手がけて、自分の研究での実験環境を整備したこともあって、博士課程の学生にはありがちなことのようですが、教授よりも実験現場の機器に詳しいという状況でした。既知の知識や技術を習得していく勉強と違い、研究では誰も正解を知らない未知の領域を追い求めてオンリーワンの作業に挑むこととなるので、これについては世界で自分が一番詳しく、自分にしかできない。という面白い状況が生まれるのです。自分にとっては、それが非常に楽しかったことを覚えています。

博士号を取得した後はそのまま研究者を志し、日本原子力研究開発機構で3年、続いて北海道大学の工学研究院で任期付き研究員をしていましたが、2011年の東日本大震災の影響を受けて東京電力福島第一原子力発電所事故が発生したことがきっかけで、原子力規制行政に携わることとなりました。現在は原子力規制庁の研究職員として、原子力の安全研究や、許認可審査での技術的な支援を行っています。それまで行ってきた学術研究は自分の学術的興味をもとに未知の現象解明や新技術の開発を行う趣味の延長のようなものでしたが、完成した研究成果が世の中で必ずしも活用されるわけではありません。一方で、規制のための安全研究は原子力施設や廃棄物処理技術等に対する安全性や運用のルール作り等に直接反映させることを目的としているため、自分の興味よりも許認可現場でのニーズや必要性が優先されます。ですが、得られた研究成果は必ず社会貢献に使用されるため、そこに研究意欲を見出すことが可能です。また、許認可審査での支援業務では、研究職員は各々の専門分野の知識や計算技術をもとに申請書に書かれた技術的記載内容の妥当性を評価します。筆記試験の採点に近いものがありますが模範解答が用意されていることはなく、さらには一通り確認を終えても見落としがないとの保証はどこにもないので、いわゆるお役所仕事のような対応で進めてしまうと、自分の判断ミスが被曝事故等に繋がってしまう恐れもあり、専門知識の他にも責任感や倫理観が問われます。こういった業務に携わっていると、現代の社会システムがどのように構築され、運営されているかがよくわかります。

2 競技生活

私のもう１つの軸であるボート競技と出会ったのも甲南大学でした。何度か漕艇部（以下、ボート部）の試乗会に参加しているうちに気がつけば入部していたわけですが、今から思えば、ここが大きな人生の転機となったようです。

入部当初は選手として先輩やコーチから基本を教わりながら練習をしていましたが、2回生の夏前ごろに部内事情でマネージャーに転向します。大学ボート部という世界は、ほとんどのチームが最終的には日本一を目指すなど目標が非常に高く、練習拠点である艇庫で日常的に合宿を行い、平日の早朝と夕方もトレーニングが組まれます。したがって、日々の合宿での食事準備や、施設の管理はもちろん、試合で遠征する際の、艇を運搬するトレーラーの手配等のすべてを学生のマネージャーがさばくこととなるため、学生のうちから社会人数年目ほどの業務をこなしていた気がします。そんな中で活動方針について指導陣と意見が折り合わず、OB会を相手に大喧嘩をやらかした末に除名されそうにもなりましたが、当時は部の仲間を守って存続させることが自分の役目だと感じて突っ走っていた気がします。最終的にはチームとして競技成績は残せませんでしたが、なんとか引退までやり切った後、大学院生時代は一時的に兵庫大学ボート部の支援、そして甲南大学ボート部で新人コーチを務める中で、後輩たちにより多くのことを教えたいと思い、競技の身体感覚を理解するために自分も再び艇を漕ぐようになっていきます。

博士課程修了後に研究員として数年ずつを過ごした茨城県、北海道では、茨城大学や北海道大学のボート部に携わり、支援やコーチを引き受けました。それぞれ経済面や環境面等、チーム固有の問題を抱えていましたが、そんな状況を熱意と工夫で乗り越えて目標を追い求める大学ボート部という熱い世界に関わり貢献することが、自分のライフスタイルとしてすっかり定着していきました。

再び関東に戻った後も、甲南大学も含めてこれまで携わったチームを中心に多方面の支援を続けましたが、競技者としても手本を見せられるようになりたいとの思いが契機となり、自分自身も本格的に競技大会に参加するべく身体を鍛え直して練習を重ねました。約10年を経過し、現在では全日本社会人選手権大会の男子シングルスカル（40歳以上）部門での6連覇を達成し、学生へ教えられる幅も説得力も予想外に大きく広がりました。

このように競技力を向上させるうえで、自分のもう1つの軸である研究活動での経験が実に活かされています。目標に向けての試行錯誤、最新情報の収集と分析、自発的に正解を探し続けて常に思考を巡らせる姿勢等、運動も学問も、そしておそらく仕事も共通点は意外に多く、互いに良い影響を受け合っているように感じます。

3　夢を抱いて成長を楽しむ

私は研究と競技を深く突き詰めようとしてきた類の人間であり、多くの人が推奨する多種多様な経験を是とする考えとは方向が異なるでしょう。語学や資格取得といった実用的な提言についても他の方々の玉稿に任せます。私が感じることの1つは、何かを高いレベルまでやり続けることによって物事の本質に気づきやすくなり、それが他分野の理解や習得に極めて有益であるということです。そしてもう1つ、私が生きていくうえで重要と感じることについて、皆さんに1つ問いかけます。

あなたはどんな人間になりたいですか？　職業ではなく、1人の人間としてどんな存在でありたいかといった話です。誰しも、つまらない人にはなりたくありませんし、他人から憧れられる魅力ある人になりたいと思うでしょう。逆境に負けない強い人になりたい。周囲を引っ張っていける存在でありたい。本当の意味で優しい人になりたい。私は万人から頼られる人でありたいと思っています。方向性は人それぞれですが、そんな大きな魅力を感じさせる人たちの共通点は「強い心」に他なりません。あなたがこれまでに憧れたことのある人を思い浮かべてください。先輩、先生、親兄弟、テレビで観る有名人、スポーツ選手、映画やドラマの登場人物でも、マンガやゲームのキャラクターでも構いません。いろいろな分野で活躍し、高い能力を備えた人たちは、そこにたどり着く過程で獲得した強い心を持っており、人はその強さに憧れます。達成した成果に憧れているわけではないのです。

先年、東京五輪が開催されました。自分が経験したことのない、興味がない競技でも、金メダル獲得の瞬間には世界中が熱狂し、メダリストの言葉に多くの人が感動を覚えました。しかし、決勝戦で惜しくも敗れてしまった選手はもちろん、国の代表選考で選ばれなかった選手等、栄光を勝ち取れなかった人に対しても魅力を感じることはできます。至高の頂に到達できるのはごく一部ですが、そこを目指して想像を絶する困難に立ち向かい、乗り越え続けることで描いてきた物語が人を魅了します。目標を達成できなかった努力は無駄ではありません。

強い心は、ある日突然湧いて出て来るものではなく、どんな分野にしろ、夢を持って高い目標を掲げて諦めずに挑戦し続けた人だけが得られる宝物です。それは他人を強く惹き付ける以上に、自分自身にも感動と充実感、大きな自信を与えてくれるものであり、豊かで満ち足りた人生を送るための最大の武器ともなり得ます。その場限りの楽しさばかり追い求め、緩く軽く生きた先に人生の幸福は待っていないでしょう。

あなたはどんな人間になりたいですか？

自分には
無限の可能性があると信じて

阿知波孝明

Achiha Takaaki

2000年
法学部経営法学科卒

アチハ株式会社
代表取締役社長

好きな言葉（座右の銘）
質実剛健

学生時代に所属していたサークル等
体育会柔道部

1　努力し続けることを学んだ学生時代

私が入学したのは1996年、阪神淡路大震災の翌年でした。多くの校舎は被災により使用不可能となり、授業はグラウンド一面に建てられた仮設プレハブで行われました。

私は1回生の時から柔道部に所属し、4回生の時には主将を務めました。山崎俊輔監督のもと、全国大会への出場を目指し日々厳しい稽古に励んでいました。勉強の方は決して優秀とはいえず、取得単位もギリギリであり4回生の最後まで卒業できるかどうかあやしかったですが、無事4年間で卒業することができました。

学生時代の思い出としては、柔道の稽古で苦しかった記憶しかありません。稽古をするために遠征をするのですが、警察や実業団など当時一流と言われる団体へ出稽古に行くものですから、その厳しさから何度も逃げ出したくなりました。周りで楽しそうに遊んでいる友達がただ羨ましく、苦しい日々から逃れたいと思うことも多々ありましたが、今になってみると、「あの厳しい稽古に明け暮れた青春時代」こそが自分の財産だったと胸を張って言えます。どんな困難にもめげず、辛く苦しいことにも向き合っていけるという、社会で生きていくうえでもっと大切な資質をここで学べたことは財産以外の何物でもありません。

その中でも一番記憶に残っているのは、大学４回生の最後の大会である関西体重別学生選手権の２回戦で負けたことです。自分は２回生の時には本大会でベスト８となり全国大会に出場していることから、４回生の時にはもっと上位を狙えるはずだったのですが、２回戦であえなく負けてしまいました。主将でもあり、もっと上を狙える立場でありながらの２回戦負け。その時はあまりのショックに、自分の４年間の努力は何だったのかと失望しました。負けた直後は「こんなに努力してもダメなのか？」「もう柔道なんて嫌だ！」と思いましたし、「もう４回生でこれ以上頑張らなくいいだろう」「さらっと引退しよう」とさえ思ったのに、翌日になると練習を頑張っている自分がいました。その時はその理由がわからなかったのですが、私は柔道を通して最も大切なことを得ていたのです。それは、どんな困難、不遇な状況と向き合っても逃げず、たゆまず、ただ愚直に向かっていくことでした。私は甲南大学柔道部での経験を通じて、自分の心が折れて、失意のどん底にいたとしても、努力をし続けるという力を身につけていました。柔道部の山崎監督をはじめ諸先輩方、同期の友達、後輩達に感謝しかありません。

2　世のため、人のため、地球のために再生可能エネルギーを。

甲南大学卒業後、アメリカへ留学し、南カリフォルニア大学院を修了しました。その後日本に帰国した私は、大阪府を本社とし、父が経営する重量物の運送会社に入社しました。当時はバブル景気がはじけ大変業績が厳しい時であり、私が入社した時は倒産寸前の状態でした。

そのような状況下では、お金の問題だけでなく、そこにいる従業員の心も乱れます。従業員、お客様、協力会社、仕入れ業者、すべての方たちと心がうまくかみ合わない中、なんとか建て直さなければと考え、父と二人三脚で会社が生き残るために必死で働きました。そうして現在では、運送会社としてだけでなく、さらにその事業を高次化し、風力発電事業などにも進出しています。実は、日本国内において、風の強い山間部に風力発電機を建てるには機械が大きすぎるために輸送が困難であるなど、問題が多々ありました。弊社は創業以来超大重量物の輸送を専門に取り扱っていましたので、長年かけて磨き上げてきた特殊な輸送技術が役に立つことがわかったのです。今では日本中の風力発電現場で弊社の輸送技術が活躍しています。

弊社の風力発電事業は輸送だけに留まりません。風力発電機の据付工事から、電力の安定供給のためのメンテナンスや保守までをトータルで手がけるとともに、部材の在庫を備えた拠点を配備し、緊急時にも対応できるように日本全国をカバーしています。現在ではさらに発電事業も手がけ、発電した電気を販売するところまで展開しております。

このような事業に目を向けたのには実は理由がありました。入社から十数年かけて会社を立て直して事業が安定軌道に乗りだした時、これまでの利益ばかりを追求するような考え方に対して、自分の中で疑問が大きくなってきたのです。入社以来、会社を守り、従業員の生活を守るためだけに一心不乱に働いてきた時には考えもしなかったような感情でした。「私は何のために働いてるのだろうか？」「そもそも自分は何のために生きてるのだろうか？」「この会社は何のために存在してるのだろうか？」そんなことを自問自答するようになったのですが、その問いの末に自ら導き出した答えは、「自分たちが生きてる一番の理由は、未来の子どもたちのために何かをすることじゃないだろうか？　そうなると、子どもたちが生きていくためには地球環境が良くなければいけないのではないか。」というものでした。

我々は屋外で仕事や作業をすることが多く、天候や気候に左右されるため、初期の頃から『温暖化』という言葉に大変敏感になっていました。こうした問題に弊社としてどのようにアプローチできるかということを考えた時に出てきた答えが風力発電事業でした。風力発電事業は再生可能エネルギーですから、50年後、100年後の未来の子どもたちに素晴らしい地球環境を残すという意味でも社会的意義のある事業だと感じておりますし、2023年に創業100年を迎える長寿企業としての存在意義ではないかと考えています。

仕事というのはただお金儲けをする手段ではありません。仕事を通して世のため、人のため、そして地球のために貢献するという社会的意義もあります。一生懸命に仕事と向き合うことは本当に大切なことだと思います。

3 皆さんには無限の可能性がある

人間は、自分の目で見たこと、自分の耳で聞いたこと、自分の肌で感じたことによって、性格や感性が形成されていきます。ですので、学生時代はアルバイトや部活動、勉強などで忙しいとは思いますが、そんな中でも時間を作って、積極的にできる限り自分の器を広げる努力をしてください。つまり見聞を広めるということです。世界一周などでもいいでしょう。できる限り視野を広くして感性を育ててください。小さくまとまらず、大きな視点で物事を見るためにも４年間のうちのたった１〜２か月でもいいですから、非日常的な違うことと接して心を揺さぶられるような感動をしてください。そのちょっとした行動によって、自分の見聞が広がりますし、感性が育ち人生は大きく変わっていきます。

それから、私は「若いうちの苦労は買ってでもしろ」とよく祖母から言われましたが、これは本当です。若いうちにどれだけ苦難、困難、失望と向き合ったかによって、将来の自分が決まるといっても過言ではありません。若いうちにたくさん失敗を経験した方が後の人生で大きく活きてきます。思いっきり失敗して、苦労して、困難に出会い、それと向き合ってください。困難や苦難は挑戦した人にしかやってきません。じっと毎日平凡に生きているだけでは困難も苦難もありません。自分の器を大きくするには、挑戦していくしかありません。その先に成功があります。当然、挑戦すると失敗はつきものです。それでも失敗を乗り越えて先にいってください。今の自分に満足せず、平凡な日常を過ごすのではなく、一歩踏み出して新しい自分を探してください。皆さんには何にでもなれる無限の可能性があります。自分で自分を小さい器にはめ込まず、無限の可能性を信じて行動を起こしてください。

甲南大学で過ごした4年間

島兒幸央
Shimago Yukio

2004年 経済学部卒

サントリー株式会社勤務

趣味・特技

キャンプ

好きな言葉（座右の銘）

生き残るのは強いものでも賢いものでもない。変われるものだけが生き残る

学生時代に所属していたサークル等

体育会本部、
体育会ハンドボール部

1 体育会本部に育ててもらった4年間

学生生活を今振り返ってみると、自分自身が特に力を入れて活動していたと思えるものは、体育会の統括組織である体育会本部での活動です。

体育会本部との出会いのきっかけは、主将から指名されたことでした。ハンドボール部に入部してしばらく経ったある日、「今年体育会本部で活動する部員を１人選出する必要がある」とのことで主将から言われるままに行ってみたところ、会議の場で、なんと４年間その役割をするという仰天の事実‼　を知ります。以後、学ラン（正装）を着ての定期的な会議に参加したり、授業の空きコマのところは部室に行っては各クラブの試合戦績をまとめたりと、入学当初に思い描いていた学生生活とはまったく違うものになってしまいました。

困惑のままスタートを切った学生生活ではありましたし、各クラブより集った６名の同期もおそらく同じ気持ちだったと思いますが、男だらけで汗臭くも前向きにやっていこうと結束し、結果的に4年間をやり遂げることになります。実際に4年間の経験を通して、人間的にも精神的も成長することができましたし、組織の中で社会を疑似体験できたことも大きな収穫でした。一例を挙げると、体育会の新入生が一堂に会した「フレッシュマンキャンプ」や、主将・主務を中心とした「リーダーズキャンプ（会議)」などのイベントを滞りなく運営するために、事前に“行動予定表”を作成。現地を下見したり、当日の成功を確実にするために夜遅くまで熱く語り合ったりしたのを覚えています。さらに、学園祭の音楽イベントの警備をしていたときに、興奮したイノシシが先輩の赤く光る警棒に突進してきたり、突然やってきた酔っ払い集団を体育館前でみんなで追い返したりしたことなど、今思い返すとかなり怖い体験でしたが、困難な体験を乗り越えてこの組織・メンバーでより強い一体感を持てたこともいい思い出です。

また、最高学年時には体育会本部の委員長を任せていただくことになりました。委員長時代には、各クラブ連絡専用の携帯電話を持つことや、紙で処理していた試合戦績をその携帯電話を通じて提出する、今ではよくあるペーパーレス対応にもチャレンジしました（うまくできた記憶はありませんが…)。部活をする部員にとって大変重要な交通手段である「六アイバス」を岡本駅近くで途中下車ができるようになったことなども、当時としては新しい活動だったのかなと思っています。与えられた状況を自分事として考え、新しいことにチャレンジをすることの重要性を知った甲南生活。今の私の礎は間違いなくこの4年間に築かれたものだと強く感じています。

2　酒類を通じて幸せな時間を創出する

私は、就職活動をする前から生活に密着したもの、生きていくうえで欠かせないものに携わる業界で働きたいと思っていました。そういった考えから、食品を中心とした業界を希望することとなり、ご縁もあり“酒類”を販売するメーカーに入社しました。

入社当時より、お酒を通じたコミュニケーションから生まれるものや嗜好品そのものを通じて人を幸せにしていきたい、そのために特に琥珀色の魅力あふれるウイスキーの美味しさを皆に知ってほしいと考えていましたので、飲食店様を担当する営業職として初めての土地に赴任した後には、自社の製品を取り扱っていただくためにお客様のもとを駆け回ってさまざまなご提案をしました。ですが、知識も経験も乏しい新入社員だったこともあり、「自分の思い」だけではなかなかうまくいきません。それでも汗をかいて、必死に製品知識を勉強しご提案を続け、あきらめず、へこたれずやっていると、振り向いていただけるお客様も少しずつ増えてきました。初めて自分がご提案した製品を飲食店様でお取り扱いいただいた際には、支店・支社の先輩たちが大勢でその飲食店様に訪問してくださり、お店へのお取り扱いの御礼とともに、自分自身を褒めてくださったのは最高にうれしい瞬間でした。

その後、異動を重ねながらも入社前から大好きだったウイスキーの勉強を継続します。ウイスキーの伝道師になるための社内資格取得のチャンスもあり、ウイスキーの本場であるスコットランドへ研修に行く機会がありました。実際に、現地に訪れて体験することは大きな刺激であり、歴史・風土・ものづくりなどを自分自身の目で見たことは唯一無二の経験となりました。この素晴らしさを広く世間の方々に広げていきたいとさらに強く思うようになり、帰国後、一般の方向けのウイスキー講座を開催させていただくこともできました。私が学生生活を送った、地元神戸においても3回ほどウイスキー講座を開催することができ、恩返しというには大げさかもしれませんが、自分自身の成長した姿を地元に見せることができたことは大変うれしかったです。

DRINK SMART（適正飲酒をはじめとしたサントリーの啓発活動の名称）でお酒と正しく付き合っていくことが大前提ですが、「自社で販売する酒類を美味しいと感じてもらい、人々に幸せな時間を提供していく。」そんな製品を広く皆様に知っていただき、愛飲いただくことが私にとって最高のやりがいだと感じております。

3　やりたいことは今すぐやろう。過去と後悔は取り戻せない

「過去と後悔は取り戻せない。」社会人になる前にやるべきこととして皆さんに意識してもらいたいことは、この1点です。

私自身がそうでしたが、社会人になると痛感することがあります。それは、時間は有限であるということであり、さらにいえば、すべての人に等しく与えられた1日24時間は決して増やすことはできないということでもあります。増やすことができないのであれば、工夫をしつつ効率的に時間を使うことが重要になるのですが、大学生の皆さんにとっては、時間的制約のある社会人になる前の大学生活をいかに有益に過ごし、“まなび”、その後の人生に活用していくかということが大事になってきます。

人生100年時代と言われている現代において社会人のスタートを切る時点ですら、過ごした人生の割合は全体の25%程度に過ぎません。そのように考えてみたとき、中盤から後半にかけての人生をより豊かにするためには、“まなび”に特化できる学生生活こそがキーになるのではないかと考えています。

抽象的な話になってしまいましたが、私自身がやっていてよかったと思うことは、体育会本部での活動を通じて、組織として掲げた短期・中期目標について「設定・議論・構築・振り返る」というPDCK（Plan･Do･Check･Kaizen）サイクルを回せたことじゃないかと考えています。当時は、PDCKサイクルといったことを自分では意識していたわけではないですが、この体験が現在の自分の糧となっていると本当に感じています。逆に、もっとやっておけばよかったと後悔していることは、語学の勉強です。大学生である皆さんは当たり前のように勉強されていますが、これは必要なスキルです。あとはどんなジャンルでもいいので読書をしておけばよかったと思っています。私自身はクラブの疲れもあって通学時の移動時間を寝て過ごすことも多かったのですが、やはり本を読んでいる人ほど、会話をする際の語彙も多く、聡明な印象を受けることが多いです。

以上のことは一例とはなりますが私が身をもって感じ、気づいたことです。ですので、自分が“やってみたい”と思ったことには必ずチャレンジしてほしいと思っています。「やった後悔（失敗）」は成長のチャンスにつながりますが、「やらなかった後悔」は何も生み出しません。

勉強やサークル活動はもちろん、アルバイトでも何でも構いません。学生生活は期間が決められたものですので、その時間内で何をすべきかをしっかり考えてみてください。遠回りすることも多々ありますが、まずはやってみる、人生の経験値を上げることでとても大事なことといえます。皆さんの大いなるチャレンジに期待しております。

FILE 018

社会人としての礎を築いた4年間

西村繁治
Nishimura Shigeharu

2004年 経営学部卒

大和紡績株式会社
勤務

趣味・特技
バスケットボール

好きな言葉（座右の銘）
和を以て貴しとなす

学生時代に所属していたサークル等
体育会
バスケットボール部、
体育会本部

1 バスケットに燃えた甲南時代

私は、甲南幼稚園、甲南小学校、甲南中学校、甲南高校、甲南大学とずっと甲南にお世話になった、俗にいう「甲南漬け」です。そんな物心ついた時から甲南漬けの私ですが、中学から大学まではバスケットボール部に所属し、バスケット一色の生活を送っていました。

中学からバスケットを始めた私が高校から大学まで所属していたチームには、後にプロ選手として有名になる選手が１つ下の学年におり、優れたメンバーが集まっていました。大学では、関西一部リーグに所属し、「全日本大学選手権大会（インカレ）」にも出場するほどの強豪校でした。当時の練習は、バスケットの上手な先輩たちを中心に、インカレに向けて１つのミスもできない緊張感の漂う空気の中行われる過酷なもので、毎日死に物狂いで練習に参加していました。このように熱心に練習に励んだものの、試合に出ることはほぼなく、試合中は仲間を応援しながらベンチを温めていました。

そんな時、転機がありました。４回生になる時に１つ上の先輩から提案いただき、プレーヤーからトレーナーに転身したのです。トレーナーとしての仕事というのがわからないままのスタートになりましたが、実際に始めてみると、その仕事は、練習メニューを考え、監督と選手が衝突した際は緩衝役となり、選手の体調管理やモチベーションの維持を図り、また対戦チームの分析と対策を行うなど多岐にわたりました。私はそれぞれのメンバーの練習メニューや体調管理など今より良いチームになるためにはどうすればよいかを毎日考え抜いて最後の１年間を過ごしました。

チームをよくするために本もたくさん読みましたが、何よりありがたかったのは先輩方のアドバイスでした。先輩方からは試合にベストな状態で臨むための選手各人のコンディション作りに始まり、目標を常に意識しそれを達成するために必要な練習や意識づけをチームに浸透させることの大切さを教えていただきました。アドバイスを踏まえ、シーズンが始まる前にチーム全員を集めました。さまざまな意見を出し合いまずは「関西一部優勝」を目標に設定しました。目標達成に向けて実践したことのうち、今でも懐かしく思い出すのは対戦チームの分析です。リーグ戦は約２か月間毎週土日に試合があるため、対戦チームをビデオに録画し、フォーメーションや相手の攻め方を深夜２～３時まで分析しました。そしてチームをA、Bの２チームに分け、Bチームに対戦チームの攻め方を覚えさせて模擬試合を行い、対策をAチームに教えることを毎日行うのです。厳しい練習メニューを選手たちがこなしてくれたおかげもあり、関西一部優勝には届きませんでしたが、「関西一部３位」という近年では好成績といえる結果を残すことができました。

この経験を通じ、自分が考えた練習メニューで戦績が上がっていくことに非常にやりがいを感じました。また、トレーナーとして毎日チームがどうすれば強くなるのかを考え抜いて実践した経験から、目標設定と目標達成のためにいかに日々努力していくことが重要かを学び、また、厳しい練習環境に耐え抜き、社会で仕事をしていくために必要な精神力も少しは身についたのではないかと思います。

2 「社会に貢献するモノづくり」を目指す

大学4回生、同級生の皆が就職活動に励む中、当時の私は体育会バスケットボール部のトレーナー業で多忙を極めていました。また、体育会本部という組織にも属しており副委員長を務めました。それに輪をかけて、体育会が50周年を迎えたということで50周年記念式典の実行委員長までしていました。つまり、自分の就職活動はそっちのけで、バスケットボール部の活動と体育会本部50周年式典の準備に走り回っていたのです。注力していた体育会本部50周年の式典も無事終わり、ひと段落した8月過ぎたころに、就職部の方に「秋採用で大和紡績が募集している」と教えていただきました。早速面接に行き、なんとか内定をいただけました。調べてみると大和紡績は、日本の高度成長期を支えた会社の1つで、もともとメーカーの営業職を希望していたこともあり、大和紡績株式会社に就職することにしました。

私が最初に配属された部署では、主に外注工場で作った商品群を取り扱っていました。通常繊維の営業は、まず商品と商流を覚えてから営業します。しかし私は今思えば無謀ですが、研修が終わって2週間ほどで新入社員でありながら、勝手に潜在顧客にアポイントを取り商談に行っていました。また、会社にいるよりはお客様と話をして商品やトレンドを聞く方がいいと考え、取引先のベテラン社員や社長と一緒に昼食や夕食をとるなど積極的に外に出て、そこで顧客や先輩に業界のことや商品のことを詳しく教えていただきました。最初の3年は苦労しましたが、比較的安定して売上も獲得できるようになると、4年目にはインドネシアの工場の立ち上げにも参加する機会をいただき、その後の営業成績も増収増益の右肩上がりでした。

他方、営業でありながらも商品開発にも多く関わらせていただきました。最近では、私が開発して販売した生地を2020年東京オリンピックの空手競技のメダリストが着てくれていました。自分が開発に関わった生地を着て戦った選手がメダルを獲得したのを見た私は、テレビの前で自分がメダルをとったかのように嬉しく思いました。

私が営業成績を順調に伸ばせた理由として考えられるのは、大学時代に常に設定した目標に向かって全力で取り組んでいたように、入社してからも常に目標を定めてそのためにどうすればよいかを意識して全力で取り組んできたからだと思います。そういった意味で、中学から大学までバスケットに真剣に取り組み知恵を絞ったことが社会人の基礎を作ったのだなと今は考えます。

長らく営業をしてきた私ですが、現在は、管理職としてチームをまとめてチームの目標を達成できるように、また私個人としては「社会に貢献するものづくり」を大きな目標として邁進する日々です。

3 「やりたいこと」に挑戦できる甲南大学

先述した通り、私は大学では体育会バスケットボール部に入部しました。体育会といえば、各競技で優秀な成績を残すメンバーが入るものという印象です。では、試合で主にベンチを温めていた私がなぜ体育会に入ったかというと、バスケットが好きだったことと、仲良くしていただいていた１つ上の先輩に誘われたという単純な動機からです。その一環で体育会本部にも所属し、「体育会 50 周年記念ということで式典をやらないか」という軽い誘いを学生部から受け、面白そうだからと思い、快諾してしまいました。しかし、快諾した後が大変でした。

学生部から 50 周年記念の式典の実施について提案を受けたので、大学から当然式典実施のための補助金が出るものだと思っていましたが、実際補助金はほとんど出ず、「費用は自分たちで集めてください」とのことでした。今でこそ大学でこのような式典がある場合、運営費を企業から集めるという流れが確立されているようですが、当時は今のように企業から運営費を集めるという土壌もほとんどなく、悩みに悩み、OB の方や OB の方の所属する企業に募金していただこうと思い立ちました。体育会の仲間たちと団結して集金した結果、さすが甲南大学です。そうそうたる面々の大学OBの方々や各部のOBの方々が協力してくださり、半年で約300万円を集めることに成功しました。また集客にも力を入れた結果、神戸の国際会館に200名ほど集め式典を行い、そこで卒業後に活躍したOB・OGの方を表彰し、「甲南大学ここにあり」と高らかに宣言することができました。そして、記念誌を発刊し、卒業の記念に体育会本部の前にさくらの木を植樹しました。私は現在もたまに大学に立ち寄り、このさくらの木を見て当時を思い出しています。

入学して間もない1～2回生は、まだ何も自分のやりたいことが見えていないかもしれませんが、焦らず、毎日、日々自分のすべきことを真剣に行い、友人や先輩の刺激を受ける中で、自分が何をしたいかが見えてきます。一旦目標が定まったらその時は全力で目標に向かうことをおすすめします。私も1～2回生の時には4回生で式典や植樹を行うことになるなど思い至りませんでした。甲南大学には、教職員の方、OB・OGの方含め皆さんが全力で学生の夢や努力をサポートしてくれる土壌があり、学生がやりたいことがあれば挑戦できる環境が整っていると思います。

3～4回生は、社会に出る前に不安もあると思いますが、社会に出るのは皆不安です。何か困難にぶつかった際は、OB・OGの方に相談してみてください。私がかつてOB・OGの方にいろいろ教わったように、きっと良いアドバイスをくれることと思います。

世界に通用する紳士に向かって

山本雄大
Yamamoto Takehiro

2005年 経済学部卒

双日マシナリー
株式会社勤務

趣味・特技
水泳、英語、
ジョギング、投資、読書

好きな言葉（座右の銘）
継続は力なり

学生時代に所属していたサークル等
体育会水泳部

1 日本から海外に視野がシフトした学生生活

私は幼少のころから競泳に特化した人生といっても過言ではなく、常に目標タイムを掲げ、それに向かって1年365日のうち360日間、毎日水泳の鍛錬を積み上げてきました。父から教わった「継続は力なり」という言葉を胸に、練習を継続した結果、全国大会出場のための制限タイムをクリアするなど成功体験を積み重ねてきました。

このように競泳を通して得るものは多々あった一方で、競泳以外の経験は多くなく、また失ったものも多かったと感じていました。また、甲南中高時代より、甲南学園創立者の平生釟三郎氏の言葉である「世界に通用する紳士たれ」を聞いて育ってきたことで、世界を経験しないといけないという思いを持っていたため、大学生活でしか経験ができないこととして「語学留学」を決意しました。

２回生の夏休みには、人生で初めて米国イリノイ大学の夏期短期留学（約３週間）に行きました。当時英語が話せなかった私にとっては、勇気を出して参加した留学プログラムでしたが、イリノイ州のホームステイでの生活では、ホストファミリーとまったくコミュニケーションが取れず、相手側にも相当気を遣わせたのではないかと思い、非常に悔しい思いをしたのを今でも覚えています。さらに3週間の短期では英語の環境に触れる程度に留まり、目覚ましい語学の上達とまでには至りませんでした。この経験をきっかけに本格的に留学して英語を学びたいと一念発起し、3回生の後期に休学し、甲南大学から紹介を受けたカナダのビクトリア大学付属のLanguage School に通うため、再度留学することになりました。

カナダに渡航してから常に自身への戒めとしていたのは、「どんなことがあろうと、カナダ滞在時は日本語を一切話さない」ということでした。カナダは移民を受け入れている国で、アジア、欧州、南米、中東など世界各国からの留学生が多く、日本から来る学生も多い印象です。どうしても自分と同じ国出身の方がいると、自国の言葉を話してしまいがちなのですが、わざわざ遠い日本から英語や文化を学びに来ているので、カナダしかできないことに集中し、エッセー（論文）やプレゼンテーション、ディベートなど日本ではあまり取り組んで来なかった経験をすることを心がけました。それらの経験が現在の海外企業との交渉にとても役に立っています。

2 Never Give up の精神が自身の原動力

世界に向けてビジネス展開をしている企業で働きたいと思い、「商社」を中心に就職活動をしていました。当時は、製造業界にロボットの導入やオートメーション化の波が押し寄せていたことから、機械関連の将来性が高いと思い、総合商社系の機械専門商社を希望しました。私の主な仕事は、大手製鉄メーカー向けに製鉄プラントの新設または更新の際の設備の選定、輸送、据付、試運転、運転指導、アフターメンテナンスなど、一連の取りまとめです。また、海外の鉄道関連機器の輸出業務も担当しており、主な契約締結業務にも従事しています。輸出と輸入のどちらの業務にも携われる点が魅力であるとともに、仕事のスケールの大きさにやりがいを感じています。

製鉄プラントでは、トラブル発生時には迅速な対応が求められます。そのため、設備は国内メーカーや国内にメンテナンス拠点を持つ海外メーカーが採用される傾向にあります。実際ある時には、お客様の要望に最適な設備について何度も提案するものの、日本での採用実績のないメーカーということでなかなか良い返事がもらえなかったことがありました。こちらの提案が何度も徒労に終わることで諦めかけましたが、それでもなんとかいい方法はないものかと考え、そのメーカーの設備を導入している欧州の製鉄会社に設備の良さを紹介してほしいと依頼することにしました。先方からすれば利益相反ともなるのですが、粘り強く交渉した結果、紹介していただくことを快諾していただき、同業他社からの紹介という後ろ盾を得たことではじめて海外メーカーの設備導入が実現しました。導入したお客様からは、設備の性能はもちろんのこと、同業他社との技術交流を図る機会にもなったと感謝の言葉をいただき、何事も決して諦めず、「絶対にできる」と信じて行動すれば実現できるのだと感じた経験でした。

今後挑戦したいこととしては、営業である以上はやはり取引規模の拡大を目指したい、また、過去の実績のないプロジェクトを受注し遂行していきたいと考えています。とはいえ、大規模なプロジェクトは自分１人では取り組むことはできません。社内の人間はもちろんのこと、ユーザー、メーカー、物流、保険、銀行などあらゆる分野の人を巻き込むことが必要となります。社内外の人が一丸となって目標達成のために全力を尽くし、時にぶつかり合い、時に歩み寄り、大勢の人と信頼関係を築いていくことが、この仕事の醍醐味でもあると感じています。そうやって周りの人間を巻き込み、問題解決能力を持った商社パーソンになるべく、１つひとつのプロジェクトに真摯に取り組んでいきたいと思っています。

3 未来を創造する学生の皆さんへ

これまで、私の大学生活で力を注いできたこと、そして、現在の仕事をご紹介させていただきました。今日まで、カナダ留学、商社勤務を経て順風満帆に進んできたように見えるかもしれませんが、ここでは記述しきれないほど、これまでたくさんの失敗を経験してきています。留学中には何回も日本に帰りたいと思ったこともありましたし、仕事中には寝る時間を惜しんでプロジェクトの受注に向けて取り組んだものの帯状疱疹になって体調を崩し、最終的にはプロジェクト失注という結果に至り、もう会社を辞めたいと思ったこともありました。そんなときは、なぜ自分は留学しようと思ったのか、この仕事で頑張りたいと思ったのかと初心に返るように心がけ、Never Give up 精神を原動力とし、日々奮闘しています。

今学生の皆さんにお伝えしたいメッセージは２つあります。まず、興味が湧いたり、やりたいとポジティブに思ったり、逆にやりたくない、失敗したくないとネガティブに感じたりするときには、何事においても自分の頭の中でごちゃごちゃ考えるのではなく、シンプルにとりあえず行動してみてください。その行動は例えば目標である 10,000 歩のうちのたったの１歩かもしれません。でも、たった１歩を進むだけでも、それを進んだ者にしか見えない景色があります。そこからさらにもう１歩踏み出してみる。それが間違った方向での１歩と気づいたときには、その都度、軌道修正する。これを繰り返していけば、自分が思っていた以上に、なんとなく形になってきたり、結果がついてきたりするものだと感じます。

もう１つは、語学の必要性を感じてほしいということです。語学はあくまでコミュニケーションのツールとして扱われますが、インプットもアウトプットもコミュニケーションの手段がなければ実現できません。特に私が従事している商社の世界では、日本の技術を世界に、世界の技術を日本に展開する橋渡しの役割があるため、世界共通語である英語は必須条件になります。

私の経験から言えることは、言葉を学ぶことは文化を学ぶことであり、その結果、視野が広がり多様性に順応できるようになってきます。前述の通り、平生釟三郎氏の理念である、日本だけに留まらない、世界に通用する社会人にぜひともなっていただきたいと強く願っています。

最後になりますが、コロナ禍により行動が制限され、私が大学生活で経験したときのように自分の思い通りに行動ができず、もどかしく感じている学生の方も多いと想像します。しかし、自分がやりたいこと、実現したいことを頭の中で整理し、自分が望めば、それに関連するチャンスは必ず目の前に現れてきます。それを摑むか摑まないかは自分次第です。ダイナミックな行動ができなくても、少しずつでもアクションを取ってみてください。その積み重ねにより新たな自身が形成されていき、どんな経験になっても、その経験の分だけ自身の魅力を増していくものだと思います。新たな自身を形成するその過程をぜひとも楽しんでいただきたいと思います。

今日も、いつかの何かに繋がる

浅見 瞳
Asami Hitomi

2007年
文学部社会学科卒

MOTHER MEETS
vintage&cafe 経営

趣味・特技
ひとり街歩き

好きな言葉（座右の銘）
みんなちがって、
みんないい

学生時代に所属していたサークル等
文化会軽音楽部

1 充実した大学生活と岡本の街との出会い

「何がしたいん？　何になりたいん？」

旺盛な好奇心とは裏腹に、これ！　という特技や、将来何かになりたいという明確なものがなかった高校時代、学外でのバンド活動やイベント企画に明け暮れていた私の心を捉えた仲間の言葉です。進路選択が迫る中、この言葉に引きずられていた私はある学生さんたちに出会います。社会学を専攻しフィールドワーク中の彼らと話すうち、こんなふわっとしたことも学問になるのかと驚き、正解が1つでない道を探っていくことにとても興味が湧きました。これをきっかけに私は甲南大学文学部社会学科の門をたたいたのですが、入学後に受講したどの講義も興味があるものばかりで、講義後は教授に質問に行くほど夢中で勉強していました。

勉強だけに留まらず、軽音学部での活動や部員との遊びに不自由しないように、アルバイトで月10万円稼ぐことを決めると、常に2、3個かけ持ちします。塾講師や家庭教師、流行っていたオムライス屋さんの厨房、漁師さんの経営するお寿司屋さん、当時の焼酎ブームに便乗し焼酎バーにもいたことがあります。今思うと、いろいろな場所で違った人たちと働くことで、自分を飽きさせないようにしていたのかもしれません。そんな生活の中でも学科の授業の少ない月曜日だけは「定休日」と名付け、部室前でだらだらして、好きなように過ごしました。私にとってはそのオフの日がとても大切で、忙しい毎日を走り続けることができたと思います。（ちなみに今の私のお店も月曜日は定休日です）このように何事も自ら選択し決定して進めていくということに充実感を抱いていましたし、それを自分で決めていいということが大学生活の何よりの醍醐味でした。

そんな大学生活最後の夏。部活の合宿帰りに岡本でふと気になる小さなお店を見つけました。風変わりでちょっとおかしな雑貨を取り扱う「ヴァケイションクラブ」。そこの店主がまた面白く、ろくに買わない学生を何時間も相手してくれ、次々に入ってくる別のお客さんを紹介してくれるのです。何度か通ううちに「あのお店に行ったら誰かいる」といった場所となり、店主は私の中のキーパーソンの１人となります。

その店主に「絶対好きだと思うよ！」とすすめられたのが「ファームハウスカフェ」でした。岡本駅の北改札を出てすぐの線路沿いに佇む、古民家を改装したおうちカフェです。ここも、隣のテーブルのお客さんと仲良くなれたり、突然投げ銭ライブが始まったり、いろいろな分野の若手作家さんの展示がしてあったり、店主を中心にして人と人とが繋がりご縁が広がる、不思議な力を感じるお店でした。

十数年後、その「ファームハウスカフェ」が今の私のお店になる運命の場所だとその時の私は知る由もありませんでしたが、２つのお店や店主との出会いは、ただの通学路だった岡本の街を「あの人に会いに帰りたくなる街」へと変えました。今は以前より個人店が減ってしまったこの街ですが、帰りたくなる場所づくりやお店づくりをすることでこの街の好きなところを残していきたいと思っています。甲南大学や近隣の大学の学生さんが卒業しても顔を見せてくださるのがとても嬉しいです。

2 目まぐるしく過ぎた卒業後の10年と初めての夢

「カフェをしている人って何でやってるんだろう？」

大学卒業後に入社したラジオ・イベント制作の会社でのハードワークに折れそうになる心を癒やすために、1人でゆっくりとお茶をするという休日の贅沢な時間を過ごしていた時、ふとそんな疑問が浮かびました。そこでコンタクトをとったのが、住吉にある「カフェ ニュートラル」でした。個人店のホームページが少なかった時代にさまざまなイベントや個展の情報が発信されており、とても興味が湧きました。店主もまた型にはまらず魅力的な女性で、突撃訪問した私を受け入れてくださっただけでなく、週末だけのアルバイトとしてこっそり雇ってくださいました。

こうして始まった私なりのフィールドワークでしたが、朝からバータイムの始まる夕方まで1人で任されたお店でいろんな経験をします。たくさんのレコードの中から音楽を選びその場に合うものをかける。常連さんに「いつもの」珈琲を淹れ、先週のお話の続きを聞く。読みかけの本を持ってきた人にできるだけ心地よい空間を用意する。お金を稼ぐ目的ではなく、興味のまま入り込んだカフェという空間づくりの経験は、自分のお店・場所を持ちたいという夢が生まれる転機となりました。

結婚を機に転職したカフェ・レストラン運営の会社では、夫の東京転勤により退職するまでの5年間、広報や販促のお仕事を通じて飲食業や空間づくりについて幅広いことを学びました。その後の1歳の子どもを連れての東京生活は大変でしたが、奇跡的に子どもを保育園に入れることができた後は、広報のお仕事や、エスプレッソマシンを触らせてもらうために入ったコーヒーショップでのアルバイトの合間を縫っては、いろいろな街に出向き喫茶店や趣味の古着屋巡りをしました。

そんな東京生活2年目を迎えたある日、学生の時にお世話になった「ファームハウスカフェ」の店主から移住することになったと連絡があり、お店の場所を引き継ぐことが決まりました。まさか、あの場所を私が継ぐことになるなんて！　いつか店を持ちたいと話していた私に、大切に育ててきた場所の次のバトンを渡していただけたことは、本当に望外の喜びでした。

1年という十分な開業準備期間を経て2016年にオープンした「マザーミーツ」は、1フロアに喫茶店とラック2本程度の古着の取り扱いからスタートしました。これまでの経験からカフェだけでやっていくのは大変だとわかっていたので、アパレル経験などありませんでしたが、開業までに出会った方々の後押しもあって思い切って始めることにしました。

コロナ禍で喫茶と古着物販を別室に改装し、今では1階の古着屋スペースが大部分を占めていますが、それでも小さな喫茶室を2階で続けるのには理由があります。「あの人に会いに帰りたくなるお店」へのきっかけとして最適だからです。老若男女問わず、気軽にこの場所へ立ち寄っていただきお店の空間を体感いただくには、お茶が飲めることは必須だと考えました。古着の入荷が重なる日はお休みすることもありますが、6席だけのひっそりした喫茶のお部屋はこれからも細く長く続けながら、「人と人とが繋がる空間」を創出していくつもりです。

3　心の向く方へ

何の特技もなく、芸術やアートの才能もなかった私が、「場所づくりという表現を通して、また帰ってきたくなるような心安らぐ空間を作る」ことを目指し、築60年近くになる古民家を舞台に、結婚や子育てをしながら店を経営していることについて、人から羨ましいと言われることもあります。しかし、楽しいことばかりではありません。悩みや苦労は会社員だった時の何倍も抱えていますし、オフの時間があってもないような毎日が続きます。それでも、好奇心の赴くまま行動し、自分が良いと感じる方を選んで、回り道しながらも1つずつ進んできた結果が今ここにあるのですから、後悔はありません。

学生時代は特にSNSやネットの情報に心が揺らぎ、他人と同じでないと不安になることもあるかもしれません。けれど、自分とずっと一緒にいるのは自分です。ご自身のことを一番大切にして物事を判断してみてほしいなと思います。

なりたいものがない、やりたいことがわからない人は、自分の中の憧れの人や素敵だなと思うアイコンを見つけてみてください。外見やファッション以外も、その人の考え方やルーツを辿ってみることで考えが重なったり、照らし合わせてみたりすることができます。そんな情報をたくさん持ったうえで、自分にとって良い方を、心が動く方を選んで進んでみてはどうでしょう。

お店にいて見ていると、今の学生さんたちは髪の色やお洋服など似合うものを上手に選び、自分に合うものを選択するのがうまいなと感じています。雑誌そのままのファッションに安心感を得ていたころと比べ、とてもかっこいいです。あらゆるところから情報を得て選ぶことは自然と身についているのだと思います。先々を不安に感じることがあると思いますが、今自分の将来を決めなくても大丈夫です。今決めたとしても、思い通りにいくことの方が珍しいのです。目まぐるしく移り変わる世の中で、状況が変わるたびにその瞬間の心に従って進んでみてください。

私自身、これ！ だと思えるまで随分年月がかかりました。でも、夢が叶ったかと言われると実はいまだに実感できていなかったりします。迷ったらとりあえずやってみる、違ったらやめるということが自分の判断ですぐにできることも今の仕事の良いところですので、これからも思うままに出会いのままに変化し続けたいと思っています。

ですので、学生のみなさんも今、やりたいこと、いいなと思うこと、なんとなく心地がいいところ。選ぶならぜひ、少しでも心が向く方へ進んでみてほしいなと思います。修正はできます。方向転換もできますから。すべてはいつかの何かに繋がっていくはずです。

岡本での学生生活、たまには気をゆるめて、めいっぱい楽しんでくださいね！

FILE 021

夢を叶えたその先で、今感じていること

南波明日香

Namba Asuka

2007年
理工学部生物学科卒

大阪府豊中市立
螢池小学校教諭

趣味・特技
フルート演奏

好きな言葉（座右の銘）
Dreams come true

学生時代に所属していたサークル等
生体調節学研究室

1 私に自信をくれた、人生の回り道

私は小学5年生の時の担任の先生の影響で良い方向に大きく変わりました。そのことがきっかけで私も人格形成に大切な時期の子どもたちに良い影響を与えられる人になりたいと考え、小学校の先生を目指すようになりました。「教育大に入って、小学校の教員になる!」それが高校生だった私が望んでいた進路でした。しかし、力及ばず、その道は叶いませんでした。中学・高校時代に理科（特に生物）が好きだったので、甲南大学理工学部を受験し、なんとか入学できました。自宅は三重県。電車を3本乗り継いで、2時間半かけて毎日通学する生活を始めました。

入学式でもらったシラバスには、教員免許取得について書かれてあり、興味深く読みました。当時、甲南大学では、中学・高校免許の取得しかできませんでした。「小学校の教員にはなれないけど、中学校の理科の教員もいいかな」と考え始めていたころでした。そこに、甲南大学在籍中に小学校の教員免許を取得する方法として

教員資格認定試験の存在が1文だけ書かれてあり、それについて調べました。20歳以上の人が試験を受けて教員免許を取得するというもので、毎年1割の合格者しか出ていない難しい試験だと知りました。難しい試験だからやめた方がいいと言う人が何人もいました。その中で、学科の担任の先生に、「あなたの夢を実現するにはこの資格を取らないといけないんでしょ？」と言われ、背中を押してもらった気がします。しかし、ほとんど情報のない試験で、独学で広範囲にわたる試験内容に取り組むというのはとても大変なことでした。この勉強の仕方で合っているのかもわからず、ただただ信じてやるしかありませんでした。もちろん、日頃は生物学の専門科目の勉強があります。でも、私にとってはどちらもあったからこそ、勉強内容がマンネリ化せず、気持ちを切り替えながら勉強をし続けられたように思います。長い通学時間も貴重な勉強の場でした。

1・2年生の時から勉強を続け、3年生の時に、3次試験まであった試験を無事に終え、希望通り小学校教員免許を取得することができました。そして、4年生の時に、教員採用試験を受け、大阪府から採用の通知をもらい、現在に至っています。教育大に入学できていれば、大学のカリキュラムの中で、教育について深く学び、教員採用試験の勉強へとつながっていたことでしょう。友達と一緒に学び、独学で勉強することはなかったのかもしれません。でも、もしかするとそうした状況ではこんなにも意欲を持って学んでいなかったのではないかと思うと、素晴らしい回り道をしたなと思っています。通学途中に当時目指していた教育大があり、なんとなく伏し目がちに毎日通っていました。けれども、認定試験を突破してからは、負い目なく、むしろ自分で勝ち取ることができたという誇らしい気持ちで、通ることができたことを今でも覚えています。

2　子どもたちと創り上げていく軌跡

高校生だった私の最終目標「小学校の教員になる！」は、先に書いたように大学卒業とともに実現することができました。教育実習を中学校でしか経験できなかった私は、小学校に着任して戸惑うことがたくさんありました。しかし、「教育大卒ではなく、甲南大卒の私でしかできないことを何かやりたい！」という思いだけは常に持っていました。

理科が専門だったので、当時担任していた３年生の理科の授業には特に工夫して取り組みました。大学時代に実験動物として使っていたカイコを教室で飼い、カイコの卵がこれからどうなっていくのかを、子どもたちのつぶやきを集めて考察し、検証していきながら理科の面白さを伝えたこと。日常よく見ているはずのアリの脚を一人ひとりに描かせ、本当はどうなのかを目的意識を強く持って観察させたこと。教科書では取り上げない切り口から磁石の不思議に迫り、実験を通して考えていったこと。それらの実践を論文にまとめて発表したところ、新人賞を受賞しました。

また、小学校教員となって10年目には４年生の子どもたちと一緒に運動会で花笠音頭を踊ったことをきっかけに、さまざまなことを山形県と結びつけながら、総合学習に取り組みました。学校外部の方との出会いの場を作りたいと思いながら調べ、大阪に住んでおられる山形県人会の方と出会い、踊りを教えてもらいました。そのご縁で、山形県から果物を送っていただいたり、運動会の様子を山形県のラジオやテレビで取り上げてもらったりするなど、学校を超えてつながることの面白さを実感しました。これらの実践も論文としてまとめたところ優秀賞をいただき、全国大会で発表する機会を得ることができました。

このような、“例年通り”ではない授業や取り組みは、子どもたちのやる気をアップさせます。目の前にいる子どもたちとどんなことに取り組もうかと考えることは、とてもワクワクします。子どもたちが進んで、より良くしようと頑張る姿を見ることができたり、目標としていたことを達成させた瞬間の子どもたちに対する誇らしい気持ちを味わえたりするのは、小学校教員としての特権だと思います。その実践をまとめ、先に書いたように周りから認めてもらうことは自信となり、さらなるやりがいにつながっていきます。

さまざまな人との出会いもたくさんあります。そのつながりは関わっている年で終わりではなく、ずっと続いていきます。町を歩いていると、数年前に担任した子や保護者に明るく声をかけてもらって近況を教えてもらうことがあります。また、私が今勤めている学校に、初任者のころ担任した子が教育実習生として来ることになって偶然の再会も果たしました。この仕事ならではの醍醐味だと感じています。

3　大学ならではの、高度な学びの楽しさ

私が自信を持って仕事ができているのは、大学時代に一生懸命取り組んだ卒業研究の経験があるからだと思っています。私は、生物学の授業を受ける中で、内分泌学に一番興味を持ちました。体内で分泌される少量のホルモンが、体の機能の調整に大きく関わっていることを深く学ぶ中で、その巧妙な仕組みが面白いと思いました。授業で学んだことをさらに深く研究してみたいと思い、生体調節学研究室に在籍することを希望し、卒業研究を始めました。

研究室を主宰されている先生や卒業生の先輩たちが何十年もかけて行ってこられた研究の全貌を知り、大きなテーマの中の一部を自分も担って実験し、データを得て、考察に活かしていきました。研究室にある実験器具は、もちろん高校レベルでは経験できないものばかりです。とても高価な薬品や機器を大事に使って、一つひとつの実験を心地よい緊張感を持ちながら取り組んでいたことを懐かしく思い出します。何度も何度も試行錯誤してデータを取り続け、思った通りの結果を見ることができた時には、鳥肌を立てながらとても喜んだことを鮮明に覚えています。自分の出した実験結果が、それまでの先輩方が作り上げてこられたことを裏付けることに貢献し、研究室として１つの論文をまとめていくことにつながった経験は、私が小学校教員になっても、実践を論文にまとめ、残していきたいという思いにつながっています。

当時指導してくださった先生はそれまでその研究室では行っていない新しい取り組みにも挑戦するように背中を押してくださいました。それは、パソコンを使ってタンパク質の立体構造を予測することです。面白いと感じた私は、迷わずやってみることにしました。新しい研究なので、甲南大学の他の研究室の先生や、京都大学の研究室へ教えてもらいに行くことが何度もありました。そこで他の先生や大学院生との出会いがあったり、自分の研究室とは違う雰囲気に刺激を受けたりしたことは、貴重な経験になりました。パソコンを使って作業する毎日だったため、パソコンを使いこなす能力は確実に高まったと感じています。小学校教員となった初年度は右も左もわからないため教えられることばかりでしたが、パソコン操作に関してだけは同僚の先生の役に立てたので、心強い力となりました。

当時は、生物学科の学生全員が研究室に所属して卒業研究をするわけではありませんでした。でも、大学でしかできない高度な学びや経験により、自分自身の思考能力やコミュニケーション能力を高めるなど、社会で活躍するための資質・能力を自然と身につけることができたと確信しています。ぜひ甲南大学で学べる最先端の研究に触れてみてください。

FILE 022

「今」の過ごし方が「未来」をつくる

谷口翔太
Taniguchi Shota

2008年 文学部
英語英米文学科卒

株式会社
おとなの英語予備校
代表取締役

趣味・特技
英語、散歩、映画鑑賞、読書、妄想

好きな言葉（座右の銘）
人生は一生ネタ作り

1 世界中の人々の心をつなぐもの

アメリカ留学中のある日。その日は韓国人の友人の誕生日でした。学生寮のラウンジに、次から次へと人が集まってきました。大切な友人のために、プレゼントやバースデーカードを持って集まってきたのは、アメリカ人、イギリス人、ドイツ人、ルーマニア人、インド人、サウジアラビア人、トルコ人、メキシコ人、中国人、そして日本人の僕。小さなラウンジが世界各国の人たちで埋まりました。主役の韓国人の友人を迎えて、誕生日パーティーが始まりました。友だちからプレゼントとカードを受け取り、お祝いの言葉をもらいながら、主役の友人は照れ臭そうでしたが、すごく嬉しそうで、僕たちも幸せな気分になりました。

その時点では出会ってまだ半年も経っていなかった僕たちですが、同じ寮で暮らし、一緒に食事をしたり、映画を見たり、勉強をしたり、家族のような存在でした。そんな仲間たちと過ごしたその誕生日パーティーで、僕はふとその光景を俯瞰して見ている自分に気づきました。

生まれ育った国が違っても、違う言葉を話していても、同じ“英語”という言語を使って、みんなが言葉を交わし、同じ時間を共有している瞬間。そんな光景でした。このとき、「グローバル社会」「国際交流」といった類の言葉の意味を体感した気がしました。

もちろん、生まれ育った環境が違う人たちと生活することは良いことばかりではありません。それぞれの価値観の違いから、誤解を招く場面もありましたし、ひどいときには口論になったこともあります。同じ国や文化で生まれ育った人でさえ、自分とまったく同じ価値観を持っているということはありません。ましてや自分とは異なる国や文化のバックグラウンドを持っている人たちなら尚更です。しかし、お互いにすれ違ったり、ぶつかり合ったりしても、僕たちは“英語”という言語の力を借りて、お互いの気持ちを通わせようと心がけました。異なるバックグラウンドを持っている者同士だからこそ、母国にいたとき以上にお互いを尊重しようとしていたのかもしれません。

もちろん、みんながカンペキな英語を話せたわけではありませんし、僕自身はカンペキな英語なんて存在しないと思っていますが、自分たちのできる精一杯の英語で、相手の思いを受け取ろうとし、自分の思いを伝えようとしました。楽しいときには笑い、悲しいときには泣き、同じ人間同士、僕たちはつながっているのだと感じることができた貴重な経験でした。

2 仕事って“お裾分け”

会社員だった僕は29歳のときに独立しました。現在は、東京都中央区日本橋に英語教室を構え、英語のレッスンを行ったり、企業や大学でも講義やセミナーをしたりしています。

僕の教室には、大学生から社会人までさまざまな年齢層の方が来られます。仕事で英語が必要な方だけでなく、英語に対するコンプレックスを克服し、英語ができるようになりたいという純粋な思いで勉強をやり直すために通わ

料金受取人払郵便

神田局
承認
7635

差出有効期間
2024年4月30
日まで

郵便はがき

101-8796

511

(受取人)
東京都千代田区
神田神保町1－41

同文舘出版株式会社
愛読者係行

毎度ご愛読をいただき厚く御礼申し上げます。お客様より収集させていただいた個人情報は、出版企画の参考にさせていただきます。厳重に管理し、お客様の承諾を得た範囲を超えて使用いたしません。メールにて新刊案内ご希望の方は、Eメールをご記入のうえ、「メール配信希望」の「有」に○印を付けて下さい。

図書目録希望	有	無	メール配信希望	有	無

フリガナ お名前		性別 男・女	年齢 才
ご住所	〒 TEL　（　　）　　Eメール		
ご職業	1.会社員　2.団体職員　3.公務員　4.自営　5.自由業　6.教師　7.学生 8.主婦　9.その他（　　　）		
勤務先分類	1.建設　2.製造　3.小売　4.銀行・各種金融　5.証券　6.保険　7.不動産　8.運輸・倉庫 9.情報・通信　10.サービス　11.官公庁　12.農林水産　13.その他（　　　）		
職種	1.労務　2.人事　3.庶務　4.秘書　5.経理　6.調査　7.企画　8.技術 9.生産管理　10.製造　11.宣伝　12.営業販売　13.その他（　　　）		

愛読者カード

書名

◆ お買上げいただいた日　　　年　　月　　日頃

◆ お買上げいただいた書店名　（　　　　　　　　）

◆ よく読まれる新聞・雑誌　（　　　　　　　　）

◆ 本書をなにでお知りになりましたか。

1．新聞・雑誌の広告・書評で　（紙・誌名　　　　　　）

2．書店で見て　3．会社・学校のテキスト　4．人のすすめで

5．図書目録を見て　6．その他（　　　　　　　　）

◆ 本書に対するご意見

◆ ご感想

- 内容　良い　普通　不満　その他（　　　　）
- 価格　安い　普通　高い　その他（　　　　）
- 装丁　良い　普通　悪い　その他（　　　　）

◆ どんなテーマの出版をご希望ですか

<書籍のご注文について>

直接小社にご注文の方はお電話にてお申し込みください。宅急便の代金着払いにて発送いたします。1回のお買い上げ金額が税込2,500円未満の場合は送料は税込500円、税込2,500円以上の場合は送料無料。送料のほかに1回のご注文につき300円の代引手数料がかかります。商品到着時に宅配業者へお支払いください。

同文舘出版　営業部　TEL：03－3294－1801

れている方もいらっしゃいます。中には企業の社長や経営者の方々も含まれています。起業してから、それまで接点のなかったジャンルの人たちと出会う機会が増えました。さまざまな分野で活躍されている受講生のみなさんから、お仕事の話を聞いたり、社長さんたちからは経営の話を聞けたりもします。もちろん僕も英語をちゃんと教えていますが、みなさんの仕事や人生について僕が教えてもらって、僕の方が勉強させてもらっている感じもします。正直、どっちが先生かわかりませんね（笑）。

企業での語学研修の場合、仕事が始まる前の早朝の時間や、仕事が終わった後の夜の時間に研修が組まれることがほとんどです。忙しい中、朝や夜の貴重な時間を割いて、英語の研修を受けてくださっているわけですが、本当に真剣に話を聞いてくださり、課題にも取り組んでくださいます。

自分の教室に通ってくださる受講生のみなさんや、研修に参加してくださるみなさんと接することで思うことは、“学ぶ姿勢がある人は、常に成長し続けている”ということです。そんな英語学習者のみなさんが成長するお手伝いをどれくらいできているかわかりませんが、本当にありがたいことに、企業や大学のアンケートでも「とにかくわかりやすくて納得のいく解説ばかりでした」「先生のおかげで英語が好きになった」「今まで出会った中で最高の英語の先生です」など、毎回たくさんの嬉しいコメントをいただき、僕がこれまで身につけてきた知識や知恵が、誰かの役に立っているのだと実感できるようになりました。

仕事をするということは、お裾分けをするということ。自分の持っている何かが、その何かで困っている誰かをハッピーにします。僕の場合、英語の知識がその何かであり、世の中にお裾分けできるものです。学生のころ、英語を教える仕事をするとは思っていませんでしたが、大学で学んだ英語が今の仕事の土台になっています。困っている人に質の高いお裾分けができるように、僕自身これからも成長していこうと思っています。

3 「今」の過ごし方が「未来」をつくる

甲南大学に通っていた学生時代、僕は早く社会人になって仕事をしたいと思っていました。そう思うようになったきっかけの１つが、大学の職員さんたちの存在でした。僕は、大学での隙間時間や授業終わりに、よくいろんな部署に顔を出していました。職員さんたちと話をするのが楽しくて、いろんな部署に遊びに行っていたのですが、職員さんたちからすると、仕事中によく邪魔しに来る学生だったわけです（笑）。そんな仕事の邪魔をしに来る僕を、どこの部署に行っても、大学の職員さんたちは「谷口く〜ん、こんにちは！」と言って、いつも笑顔で迎えてくれました。いろんな話をしてくれたり、相談にも乗ってくれたり、僕の甲南大ライフを語るうえで絶対に欠かせない存在の人たちです。職員さんたちだけではありません。僕は大学のいろんな教授の研究室にも頻繁に通っていました。講義と関係のあることを質問に行くことはほとんどなく、ほぼ世間話をしに行っていました。つまり僕は職員さんだけでなく、先生方の邪魔もしていたわけです（笑）。正直、今となっては少し申し訳なかったと思っていますが、学生時代に知り合ったそんな大人たちが仕事をしている姿を見ていたおかげで、「社会人って楽しそう」というマインドになっていきました。

会社員時代を経て、現在は経営者として、また英語講師として仕事をしていますが、社会人になって仕事をすることが辛いと思ったことは一度もありません。むしろ、本当に充実した生活を送ることができています。「仕事が楽しくない」とか「ブラック企業」だとか、仕事に関するネガティブな言葉が聞かれるようになりましたが、僕の頭の中には「社会人として働くことは楽しいこと」という刷り込みがあります。だから、会社員時代は給料以上の仕事をしていましたし、長時間労働も、休みが少ないことも、特に気になりませんでした。それは起業後の今も変わっていません。

大学の４年間ほど、いろんなものを吸収できる時間はないと思います。みなさんがその貴重な時間をどう使うかは自由ですが、その時間の使い方の延長線上にみなさんの未来があります。僕自身もたくさんのことを甲南大学で学ばせてもらいましたが、「仕事は楽しいもの」という刷り込みもその１つです。このマインドをくれた大学の職員さんや先生方には本当に感謝しています。このマインドなくして、今の僕はありません。どうかみなさんも素敵な未来につながる何かを、たくさん吸収してくださいね。先生方や職員さんがそうしてくれたように、僕もみなさんのことを応援しています！

自分に素直に、自分を大切に

宮崎麻衣子
Miyazaki Maiko

2008年 文学部
英語英米文学科卒

(公財)
アジア福祉教育財団
難民事業本部勤務

趣味・特技
エスニック料理の
食べ歩き

好きな言葉（座右の銘）
ハクナマタタ
（心配ないさ）

1 学生時代に学んだこと

大学時代の経験や勉強は、私の価値観や人生に大きな影響を与えています。そのうちの１つは、４回生の夏に参加したケニアでの環境スタディツアーです。当時、特に環境問題に関心があったわけではなく、私の一番の目的は野生の「ヌー」を見ることでした。小学生の時に初めてヌーをテレビで見てから、ずっと、いつか絶対に自分の目で見たいと思っていました。何千頭ものヌーが、一列になってサバンナを大移動する様子、命がけで川を渡っていく迫力は、子どもの私にとって衝撃的で忘れられないものだったのです。ですので、そんなヌーを見ることのできるこのツアーを見つけた時は、迷わず参加を決めました。そして、とうとうケニアでヌーの移動の迫力を自身の目で見、ヌーが本当に「ヌー」と鳴いているところを直接聞くことができ、心から感動し満足しました。ところが、ケニアは私に他の関心も与えてくれました。バスでの移動中、スラム街と呼ばれる場所を通った時に、ボロボロの服を着た子どもたちがじーっと私たちのバスを眺めていたり、渋滞でバスが動けなくなっている時に、赤ちゃんを抱いたお母さんが「お金をちょうだい」とバスの窓をたたいてきたりしたことを覚えています。この時初めて、自分の今まで生きてきた世界とはまったく違う環境で生きている方たちがいるという事実を、本当の意味で理解したような気がします。ニュースや授業から、世界の状況についてある程度知識はありましたが、私にはまったく関係のないことだと受け流していたため、実際に目の当たりにし、衝撃を受けました。

また、もう１つ私の価値観に影響を与えたものはゼミでした。選択したゼミは米国の女性史に関する内容でしたが、私はそのゼミの授業の一コマから米国の黒人差別問題に関心を持ち、アフリカ系アメリカ人の公民権運動を卒業論文のテーマに選びました。言語的、身体的、社会制度的にも差別の暴力を日常的に受けていたアフリカ系アメリカ人が社会を変えようと命を懸けて立ち上がる姿に心を揺さぶられました。差別問題や社会でのマイノリティの課題はまだまだ世界中にたくさんありますが、誰かが変えようと声を上げることが大切であり、その行動は、たとえ時間がかかったとしても少しずつ広がり、状況は改善していくものなのだということを学びました。そして、今でもそうであると信じています。

これらの学生時代の経験や勉強を通してもっと世界のことを知りたい、と思うようになりました。それまでは、特に理由や目的もなく勉強したり、アルバイトをしたりして大学生活を過ごしていましたが、一度、「知りたい!」と思えることができると、世界のニュースに耳を傾けたり、英語のニュースを読んでみたりと、毎日の過ごし方も変わったような気がします。

2　難民たちを通して見えること

私は現在、日本に住む難民や難民認定申請者の方への支援を行う公益財団法人アジア福祉教育財団難民事業本部に勤務しています。学生時代に「世界を知りたい」と思った私は卒業後、就職しお金を貯め、イギリスの大学院に留学し国際開発学を学びました。その後、国際協力の現場で経験を積みたいと考え、青年海外協力隊に応募し、村落開発普及員としてネパールに２年間派遣されました。そこでの難民との出会いが、現在の仕事に繋がっています。首都カトマンズでの活動中、毎週通っていた教会で、彼らと出会いました。ミャンマー、スリランカ、エジプトなど出身国もさまざまな彼らに対して抱いた印象として共通していたのは、「強い」でした。本国で受けた迫害や、家族と離れ離れであるなどの辛い現状にもかかわらず、第三国へ渡航し、そこで新しく生活を始めたいなどの夢や希望を持っていました。

現在の仕事でも、さまざまな背景で日本に来られている難民や難民認定申請者に出会います。相談業務の中で心がけていることは、傾聴すると同時に、間主観的に面談を進めることです。相談に来られる方たちは辛い経験をして日本に逃れてきました。日本に来られた後も、経済的な問題だけでなく、慣れない文化圏での生活に苦労や孤独を感じるなど、心理的にも苦境に立たされている方ばかりです。彼らの訴えを聞いていると自分も辛くなることもありますが、そういう気持ちを持つ自分を受け入れつつ、俯瞰的に話を聴くよう努めています。そして、団体としてできる支援、できない支援を理解してもらえるよう丁寧に説明するようにしています。

辛いと感じることも多い一方、私は彼らのことを少しでも知ることのできるこの業務が好きです。もちろん仕事なので、時間や質問内容も限られますが、彼らの態度や発する言葉から、考え方や思いがだんだんと見えてきます。これは自分の視野を広めることに繋がります。例えば、信仰の程度によりますが、イスラム教徒にとってモスクでの礼拝時間やラマダンと呼ばれる断食月が人生の一部で何よりも大切なものであるという新しい価値観を知ることができたり、国籍、宗教、文化、抱えている問題が違っても、家族や友人を大切にする気持ちは人類共通の感情であるという当たり前のことを再認識したりすることができます。

日本は難民条約に批准しているものの、受け入れには消極的であるため、難民申請者の生活を保障する制度は整っていません。時には、明らかに困窮し、支援を求めている相談者に、「NO, 何もできません」と伝えなければならないこともあります。学生時代に学んだ、社会のマイノリティは無視され生きづらいという事実を、現在の仕事を通して改めて感じています。日本で出会う難民にも、ネパールで出会った難民たちと同様に、苦境に立ち向かう「強さ」を感じますが、そんな彼らを受け入れる日本の体制が整うことを心から願います。

3 甲南から羽ばたく皆様へ

私がこれまでの人生を振り返って大切だなと思ったこと、そして現在も心がけていることは2点あります。1つ目は自分の興味関心に素直になること、2つ目は自分の考え方や価値観を理解し大切にすることで相手の価値観を受け入れることです。

小学生の時にテレビで見た「ヌー」を自分の目で見たいと思い、その気持ちに素直に従ったことから、さらに自分の関心が広がっていきました。何に対して興味関心を持つかは個性であり、自分だけのものなので、その気持ちは貴重だと思います。どんな小さなことでも楽しいな、もっと知りたいな、と思うことを追求していくと、そこから新しい出会いや発見に繋がっていきます。楽しいことの追求なので、たとえ追求の旅の途中に困難や挑戦、失敗があったとしても、自然と前向きに捉えることができます。また、自分の興味関心は必ずしも仕事にする必要もありません。趣味として持っていると、仕事が辛い時にも、それを支えとして頑張ることができると思います。

自分の持っている価値観や考え方の傾向を知ること、相手を受け入れることも、社会の中で必要だと思います。たとえ家族でも、人は百人百様でそれぞれ考え方が異なります。ですので、自分の考え方や価値観も唯一のものと考え、自分を理解し大切にする、もちろん自分の短所も理解して受け入れることも必要だと思います。そうすることで、他人の価値観が自分とは違うことは当たり前であることも理解し、彼らの価値観を知ろう、そして大切にしようと思うことに繋がりますし、自分の短所を受け入れることができれば、他人の短所にも寛容になれると思います。例えば、会社やコミュニティの中に自分と対立する考えの苦手な人がいたとしても、自分を押し殺してまでその人と仲良くしたり、相手の考え方を否定したりする必要はなく、その人が苦手という自分を理解して受け入れ、自分とはまったく違う意見を持つ人もいる、という現実を受け入れたうえで物事を考えることも大事だと思います。

最後になりましたが、2022年現在、コロナ禍で自由に過ごせない日々をお過ごしの方も多いと思いますが、その中でも自分の興味関心に素直に向き合い、学生生活を楽しんでください。皆さんのご活躍をお祈りしています。

再スタート

大﨑智元
Oosaki Tomoyuki

2008年 法学部卒

司法書士
トモユキ事務所
代表司法書士

好きな言葉（座右の銘）
雲外蒼天

1 大学中退

高校時代、自分の将来の進路など何も考えていませんでした。周囲の友達の進路を気にし、自分の苦手科目を避けた大学受験選びなど、自分の目標が特にない状態で大学受験に臨んでいました。そして18歳のときに他大学の工学部に進学することになりました。

高校を卒業するとアルバイトなどを通じて社会との繋がりが深くなり、「将来」というものを意識するようになります。周囲の友人とも徐々に将来の職業の話などをすることが増えていきましたが、20歳ぐらいまで自分に将来のやりたいことや目標が特に何もないことに漠然とした不安だけを感じて過ごしていました。「普通に卒業して、普通に就職できれば」と思っていた気がします。やがて周囲の同世代が目標や将来のやりたいことを見つけていくにつれ、不安は徐々に強い焦りへと変わっていきました。

いろいろなことに悩み自分がいかにチャレンジをしてこなかったかを自覚し、20歳を過ぎて「法律を勉強したい」と思うようになりました。

何十年後の自分を想像したときに、工学部の道ではなく法学部の道の方が直接的に人の役に立てると考えたからです。そして、21歳で受験勉強をし直して甲南大学に入学することができました。

友人が甲南大学に通っていたこともあり、学校の雰囲気や自由な校風であることは事前に知っていました。入学後も予想通り授業は自主的で、周囲の同級生も個性豊かな人が多かったです。私が甲南大学に入学したのが21歳だったので、周囲は18歳で年齢は3歳差でしたが、気さくで協調性のある人がとても多く、年齢の離れた自分を受け入れてくれたことは本当に助かりました。また、法学部の同級生には、公務員やロースクールなどの目標に向かって頑張っている人が多く、友人たちも意識が高く真面目で非常に恵まれた環境でした。大学のゼミでは国際私法というマニアックな勉強をしました。当時は、一生使うことのないジャンルだと思っていましたが、仕事の中で外国籍の方の相続に関する相談があった際に国際私法の知識を使用することがあり、大学時代にそのジャンルに触れていてよかったと心底思いました。

少し遠回りした大学生活ではありましたが、あの時、某大学工学部を退学して甲南大学法学部に入学できて本当によかったと今でも思っています。20歳のころの決心と行動、そして周囲の同級生たちが与えてくれた環境によって、現在でも充実した時間を過ごせています。

2 人間模様

甲南大学を25歳で卒業、27歳で司法書士資格を取得し、2つの司法書士事務所で勤務経験を経たのち37歳で独立開業しました。法学部関連の資格業としては、司法試験と司法書士試験があります。自分の経済的負担や将来的な仕事内容、実現可能性などを考慮し司法書士を選択しました。結果的には、争いのない仕事なので良い選択だったと思っています。

司法書士の主な仕事は、不動産や会社に関連した登記業務を代理して実施します。その他にも遺言書の作成や裁判書類の作成、法務相談業務など、さまざまな法律に関連する業務があります。ちなみに、登記業務というのは、不動産や会社には帳簿のようなものが制度として用意されているのですが、その内容を変更する業務です。例えば、不動産であれば、皆さんが家を購入する場合、売主から買主に所有権が移転したことを登記していく必要があります。会社であれば、起業したい人が株式会社を設立する場合などが挙げられます。

司法書士の仕事の面白さは、さまざまな人から多種多様な相談を受けることです。不動産の売買や企業再編などスケールの大きいものもありますが、身近なことでいえば裁判の手伝いや遺言書や相続に関連する相談などがあります。その他にもいろいろな方と繋がりを持つことができ、自分の仕事の知識だけでなく社会のさまざまな知識を得ることができます。経営者、農家、資産家、多重債務者、骨肉の争いをする兄弟など、本当にさまざまな人間模様を間近で体験することができることもまた、この仕事を面白く感じる要素です。

少し変わった経験としては、自分が関与した不動産取引において何度か証人として出廷した件が印象的でした。双方の弁護士や裁判官から尋問を受けるのですが、おそらく司法書士になっていなければ経験することがないだろう貴重な体験でした。仕事の責任の重さを再確認する場面でもありました。

3　最初の一歩

私が一番大切にしていることは「行動力」と「仲間の存在」です。

18歳から21歳の悶々とした時代を振り返ると、少し遠回りをしたと感じています。その原因は、自分のやりたいことや希望が見つかったときに、勇気を出してすぐに行動に移せなかったことです。周囲の目を気にしたり、周囲とは異なる進み方をすることに恥ずかしさがあったりなど、自分に対して勝手に制限をかけてしまっていました。

何事もチャレンジしてみることがとても大切ですが、実はこれが一番難しいことです。ただ、難しく考えすぎないで勇気を出して最初の一歩を踏み出せば、あとはなるようになると思います。選択には、さまざまな責任やプレッシャーが伴うと思いますが、その一方で自分のやりたいことを実現していけるという点で充実感も得られるはずです。自分がその選択に迷ったときやプレッシャーを感じて悩んだときには、助けてくれる仲間や家族がいるはずです。その存在を強く感じられることも、とても大切なことです。

私は、21歳で中途退学し甲南大学を再受験という選択をとりました。理解してくれる仲間がいたからこそ、その選択を行動に移すことができました。難関資格の1つである司法書士受験時代には、フリーターをしながら予備校に通った時期もありました。試験勉強中も周囲の仲間や親が精神面で私を支えてくれていました。37歳で司法書士事務所の独立を決心したときも、付き合いのある多くのお客様が独立後の私を助けてくれました。自分で決心し行動したときには、誰かが私を支えてくれていました。

このように人生を振り返ってみたとき、法学部受験を決意した21歳の時点で、甲南大学への合格、入学、6年後の司法書士資格取得、現在に至るまでの活動など、自分の将来像を描き切れておらず不安がいっぱいでした。ですが、若い時にチャレンジしたからこそ、仲間の存在に気づくことができたし、未来を切り拓くことができたので、本当によかったと改めて感じます。

皆さんの中には、漠然として将来の不安を抱えている方々も多いのではないでしょうか。

大学生になったばかりのころは、自分の将来の目標がすでに定まっている人の方が少数派です。大学生活の中で、いい仲間をつくり豊かな経験を積み重ねていく中で、自分の将来の目標が見つかっていくものだと思います。

もし「目標」や「やりたいこと」が見つかったときには、家族や友達に相談し、チャレンジしてください。チャレンジと失敗の繰り返しが自分の大きな糧になり、そして目標達成への近道となるはずです。

皆さんも大学生活を通し、いい仲間をつくり、自分の将来への道を見つけてください。

FILE 025

いつか甲南に帰る日は。

堀内俊孝

Horiuchi Toshitaka

2008年 法学部
経営法学科卒

株式会社ジャパン
スポーツネット
代表取締役

趣味・特技

歌、演劇、テニス、
グルメ、旅行、読書、
映画など

好きな言葉（座右の銘）

最も崇高な芸術とは、
人を倖せにすることだ。

学生時代に所属していたサークル等

テニスサークル
『ハーキーズ』

1 近くで見ると悲劇、遠くで見れば喜劇

大学時代、私はテニスサークルに所属していましたが、テニスをした記憶はほぼなく、大学に行かず飲み会や羽目を外して遊んだ思い出しかありません。2月の海を泳ぎながら見た西宮海岸の青く光る蛍光プランクトンは幻想的でした。ある程度のことを許容できてしまう心の柔軟性は、このハチャメチャで愉快で理不尽なサークルの中で培ったと確信しています。

サークル引退とほぼ同時に彼女に別れを告げられた私は、友人が聞き出した別れの原因である「脛かじりの馬鹿なボンボン」との評価を返上すべく、貯金の大半を自己啓発本を中心に書籍50冊の購入に充て勉強を決意。残りを仲間と組んだ失恋傷心バンドのスタジオ代や毎晩の麻雀に充てました。バンド練習の合間にメンバーと通い出した神戸唯一のメイド喫茶にどっぷりとハマり、明け方の麻雀のリーチ一発の勢いでメイド喫茶を開業宣言。オタク街になりつつあった日本橋に3店舗目として華々しく起業するも、経営不振の末、半年後友人に二束三文で売却し、1000万オーバーの借金が残りました。その後の異業種交流会で初対面の男性に「君には輝くものがある」と誘われ謎のイベントサークルの代表に就任、運営は順調でしたが男性の素性を知り、直ちに逃げました。またもやすべてを失った私はメンタルクリニックに通いつつ再度起業を決意。関学主体の朗読劇「アルジャーノンに花束を」主演や他の大学学生団体の相談役、姫路の路上ミュージシャンをしつつ、アフィリエイトブロガーチームも結成、チームとして日本一の収益を誇るも、Google広告に依存する収益スキームはシステムのマイナー変更によりあえなく瓦解、マイナー雑誌でライターをしつつ、女性衣料の輸入ネット販売を開業します。中国や韓国から毎日届く大量の黒ずんだ段ボールで部屋を埋めつつ、撮影しオークション出品し発送。そんな生活の中でなんとか卒業証書をいただいたのは「一緒に卒業しよう♪」と3つ下の彼女との約束に遅れること半年、25歳の夏でした。父の余命宣告を境に本当にやりたいことを見つめ直した結果、心理カウンセラーになるべく催眠療法士のもとに弟子入り、父の死を機に28歳で母のもとに帰り、私にとって堅牢な城のはずであった実家の不動産業が、長年の管理者不在により、城どころか斜塔状態だと知り、生前からの父の親友に学びつつ不動産管理会社を設立し、事業建て直しに奔走する日々が始まりました。

2　1つだけでは多すぎる、1つではすべてを奪ってしまう

父の死を機に帰郷し、設立した不動産管理会社にはタスクが山積みでした。紛失や半世紀更新されていない賃貸契約書の再作成に始まり、資産整理と修繕計画の策定、銀行融資、賃料適正化や立ち退き交渉をこなす毎日。中でも叔父との父の遺産を巡る裁判では、相手の二度の控訴等により8年の歳月を費やし、法学部で単なるテスト問題に過ぎなかった机上の拷問が、この現実においては、よりイキイキと私を苦しめました。しかし長い学生時代にストレスへの強耐性を獲得していた私は、若白髪と過食による肥満、強迫性

の勉強欲による日中長時間のカフェ滞在で「堀内さんの長男はニート」とご近所さんから噂されつつも、4年後には8割方の経営改善に成功します。さらに裁判の過程で父の書斎から見つけた叔父宛ての「本当に目指したかったテニススクール」のFAX原稿に母と涙したことをきっかけに、私もその夢の先にある新しいテニススクールの設立を決意。奇跡的なご縁を重ね31歳でテニススクールホリゾン岸和田校を、4年後に堺北花田本校を開業しました。現在は「テニスの学校」を合言葉に約千人のお客様にテニスの「楽しさと深さ」をお伝えしています。コロナ禍で経営的には厳しい状況も続きますが、最近では5歳から当校に通っている子どもたちを中心に2年連続で中学校団体戦の全国3位に輝くなど、ジュニア界で話題のスクールに成長しました。

テニススクール経営のかたわら、飲食店やワイン輸入販売会社の代表、芸術団体や退職者支援団体の代表理事、食フェスイベント会社では企画統括。大恩人で、元小林製薬代表取締役社長の故小林豊先輩に再度母校とのご縁をいただき、大阪甲南会の幹事や事業者交流会「甲南コネクト」の運営委員をさせていただいております。休日には二児の父をしつつ、社会人ミュージカルや施設のイベントなどで歌う機会をいただき、日々アーティストとして研鑽に努めています。

このように分散されたライフスタイルを目指す理由はリスクヘッジ的な意図もありますが、経験上1つのことに没頭すると俯瞰的な視点を失うからです。仕事における属人的な要素を省き、サステナブルなチーム作りに努め、私自身が24時間の全力挑戦と学びを可能とする「仕事」と「遊び」の境界をなくすことを目指しています。

現在では学生時代からのハチャメチャな変遷を経て、経営者でアーティストで心理カウンセラーという特性を活かし、さまざまな方からのご相談への解決策をキャリアと感性から語ることが可能になりました。40歳からは「自分のためしんどいこと」から脱却し、「誰かのため楽しいこと」をテーマに、団体や企業、起業を目指す方やアーティストの夢に寄り添い、よりワクワクできる「倖せ」ビジネスの構築サポートを行います。

3　何が君のしあわせ？　何をして喜ぶ？
わからないまま終わる、そんなのは嫌だ。

今さら私が「大学で真面目に勉強しなさい」と言っても説得力がないことはお察しでしょうが、学生時代を俯瞰して私が一番皆様にお伝えしたいのは「自由のトリセツ」です。

大学には担任はいません。親元を離れ通われる方も多いでしょう。故に授業に行かず寝てようが遊ぼうが誰も叱責してくれません。何をしても「自由」、ただ結果がダイレクトに自分に返ってくるという意味での「自己責任」がそこにはあります。社会人には当たり前の世界ですが、「自由」に意識して触れ、その怖さに気づいたという方に、私は社会人を含め何人も出会いました。海のように底知れぬ「自由」と「自己責任」の世界をあなたはどう泳ぐのでしょうか？　私はこの答えは「欲」のコントロールにあると考えます。私も子どもたちに「〜しちゃダメ」とつい言いがちなのですが、未成熟者に対し保護者は「欲の抑止」を促します。これは海の中で「泳ぐな」「漂え」という指示に近く、「自由」を楽しみ自在に泳ぐための「泳力」ならぬ「欲力」を減衰させます。もちろん「欲」のまま生きるリスクは、私も身をもって知っていますが、私の感覚では「〜したい」というエネルギーが圧倒的に少ない人が増えてきている気がします。自分が何をもって喜ぶのか、倖せを感じるのかわからないという方が多いです。子どもを象徴する「我が儘」は本来悪い言葉ではなく「自分の思い通りになること」を指します。成長の過程で奪われ、やがて大人になって欲する力を私たちはすでに子どものころに持っていました。

減衰した「欲力」をどう育むか、答えは若いうちからの「挑戦・失敗・恋愛」にあると確信しています。全力で走ってコケると痛い。しかし失う荷物はまだ少なく、身体も心も柔軟性がありダメージも少ない。私のメイド喫茶での失敗がその顕著な例です。自分が正しいと思う、ワクワクする方に全力で走ってください、盛大にコケて周りから笑われてください。それがいずれあなただけのキャリアと笑い話、やがて尊敬に変わります。また、「恋愛」を推奨する理由は、「挑戦・失敗・結果のスパイラル」と「家族以外の他者を深く知ること」ができるからです。「自由」の中に「正解」はなく、自らの客観的な査定のため何度も挑戦し、失敗し、結果に反省するしかありません。パートナーを作る過程、付き合い、そして終わり。その中で学べるものはかなり多いことは間違いありません。家族以外に自分のすべてをさらけ出し、また受け入れることも、全力の恋愛の中で大切な経験になると思います。

あなただけの「自由の海の泳ぎ方」「全力でコケた擦り傷」「泣けて笑える恋愛話」を大学時代にしっかりと作り、それを肴に私とご飯に行きましょう！その日を心待ちにしております！

すべてに意味がある

井上慶美

Inoue Yoshimi

2010年
理工学部生物学科卒

株式会社ファンケル
勤務

趣味・特技
墨絵

好きな言葉（座右の銘）
動かなければ周りの景色は変わらない

学生時代に所属していたサークル等
学園祭実行委員会

1　目標を見失いたくなくてもがいた学生時代

高校時代から化粧品が大好きでした。特にものづくりが大好きだったこともあり、理工学部に入って将来化粧品会社の研究職に就くことを目標にして苦手な数学を頑張ったことを覚えています。私が入学した理工学部生物学科はとても少人数の学科でした。充実した研究室で肌のバリア機能の１つである「セラミド」の研究を今井先生の研究室（植物生化学研究室）で行っていました。卒業論文はセラミドの炭素鎖の長さによって肌吸収率がどのように変化するのか？　というものでしたが、今の仕事にも活かされています。

私が大学２回生のころ、「化粧品の本場といえばフランス！　化粧品づくりの現場を見てみたい!」という想いでフランスに短期留学をしました。パリの語学学校に通いつつ、南フランスにある香水や石鹸工場の町“グラース”まで足を運んで工場見学などをしました。そこで工場を案内してくださった方の「日本は技術力も原料もある、しっかりものづくりができるよね」という発言にショックを受けました。「あれ？　私はなぜこんなにも海外のブランドに憧れているのだろう？　日本人なのに日本のことが何もわかっていないのでは？」ということに気づいたためです。この経験を機に、帰国後は日本のモノづくりから販売まで一貫して担っている化粧品メーカーでブランドを育てる仕事をしよう！　と思うようになっていました。また、日本の研究力は強いけれど、ブランドを育てる力、戦略を練る力がまだ足りないのでは？　自分がマーケティングの力をしっかり身につけて日本のモノづくりを応援しよう！　という想いもとても強くなっていました。

しかし、2010卒の就活生はリーマンショックの時代にあたります。非常に過酷な就活で、60社エントリーした化粧品メーカーからすべてお断りされてしまいました。化粧品メーカーは人気であり、しかも不況から募集人数を絞っている状況だったせいもあるかもしれません。学科での勉強も頑張ってきたし、意欲も十分あるのに認めてもらえないという無力さに苦しみました。化粧品メーカーにこだわらなくてもいいのではと思い、別業態の会社も受けてみましたがイマイチ心が動きません。やはり、目標を諦めたくなかったので、新卒を募集していない化粧品メーカーをインターネットで片っ端から調べ、エクセルに電話番号とURLを貼った表を作成し、その表をもとに1社ずつ電話をかけて「面接してください！」と頼み込みました。その甲斐があって、大阪に工場を持つセブンツーセブン化粧品に入社し、商品企画の基礎を学ぶことができました。本当に感謝しております。

2　人はものを買うのではなくストーリーを買う

セブンツーセブン化粧品に入社してしっかりと商品企画の基礎を学ばせていただいた後、実力をつけるために東京のブランディング戦略が強い化粧品企画会社に転職し、24時間働き詰めの毎日を送りました。明け方の東京駅を横目に見ながら帰り、シャワーを浴びてまた出社するような20代でした。その後、大手メーカーの戦略の立て方・実行の仕方も学びたい！　という想いから、現職であるファンケルの商品企画に転職しました。実はファンケルは新卒の時に落ちた会社でした。しかし、がむしゃらに働いてきた20代の行動力とスピード感が評価され、入社することができました。もし、新卒で自分の目標としている会社や仕事に就けなかったとしても、そこで終わりではなく、実力をためてから再チャレンジすればいいのだなと、その時感じました。

ファンケルでは「AND MIRAI」という若年向け新ブランドの立ち上げや、「艶衣（つやごろも）」というヘアブランドの立ち上げを行い、調査設計や戦略の立て方などしっかりと学ぶことができました。今までなんとなく自分の主観で仕事をしてきた部分があったのですが、戦略に基づく調査や分析をもとに商品を開発していくというステップを踏めることがとてもやりがいがあり、楽しいと感じました。そして、戦略を立て、商品をつくりながら改めて「良いものをただつくっても売れない。その背景にあるストーリーに人は感動して対価としてお金を払うのだ」ということを学びました。商品があふれている世の中で、人は心が動かされないと買ってはくれないのだと感じています。メーカーで働いている立場としてはとても難しい世の中ですが、ただ単純にものを売るだけでなく、心が豊かになるエッセンスも売ることができているのだと思うと、自分の仕事は人の役に立っているのだなとしみじみ思います。

高校時代の１つの夢に“化粧品の雑誌に載る”というものがありました。高校時代は『美的』や『MAQUIA（マキア）』といった美容雑誌を隅から隅まで購読することが趣味で、いつか自分も商品担当として掲載されたら嬉しいなと思っておりました。そんな中「AND MIRAI」の立ち上げの時に、開発担当者として、MAQUIAの見開きページに編集長との対談を載せていただくという感動的な出来事がありました。雑誌以外にもPR発表会に登壇したり、オンラインで化粧品に関する説明を行ったりと、自分が担当したブランドを育てていると実感できる機会にたくさん恵まれました。フランス留学をした時に「日本の強いブランドを育てたい」という想いを強く持ちましたが、その一端を担えていると思うととても嬉しいと感じます。今は独立して、自分で化粧品ブランドを立ち上げるということが目標です。

コロナをきっかけに、オンラインでどこでも、誰とでも一緒に仕事ができる環境になりました。オンラインとリアルを融合して積極的に自分の力を外へ外へと試していきたいと思っています。

3 これからの日本を担う皆さんへ

現在も学歴社会が残っていると感じることはあります。しかし、社会人としておよそ10年間働いてみると、学歴はもはや関係なくなっているのだと感じることもあります。学歴よりもむしろいかに人のことを思いやっているか、やり抜く思いが強いかで仕事のスタイルも評価も変わってくるのです。特に私の仕事が商品企画という、他部署とのコミュニケーションやお客様のインサイトを見抜く力が必要とされていることなので余計にそう思うのかもしれませんが。

私が学生時代に頑張っていたことは大学祭の実行委員と生協での活動です。人がもともと好きだったということもあり、学園祭の時に体育館を貸し切って巨大なアトラクションを制作するなど楽しい活動を行っていました。重要なことは、何でもいいから「リーダー」になることです。実は、会社でも自分が率先してメンバーをまとめるチャンスが何回か出てきます。学生時代に先頭に立つ経験をしていると、人をまとめることに抵抗がなくなってきます。

もう1つ、生協での活動ですが、私は友人と一緒にフェアトレードのチョコレートを仕入れる新しい取り組みを行いました。今となってはそんなチャレンジングなことをさせてくださった生協の職員さんは素敵だなと感謝しております。1枚500円程度の高いフェアトレードのチョコをどうやったら売れるか？　を試行錯誤して考え、バレンタインの時期も近かったこともあり、カップルの天使の絵を描いたPOPを天井から吊り下げて凝った店頭演出を行った記憶があります。すると、高いチョコレートがしっかりと売れたのです。この時、売れる仕組みをつくる楽しさを知ったと思います。就職活動の面接でもこの話は面接官が楽しそうに聞いてくださったことを覚えています。つまり、学生時代にしかできないことに本気で取り組むということがとても大事なのかなと思っております。

今日本経済は低迷していることは皆さんもご存じだと思います。せっかく日本に生まれたのだから日本のために頑張りたいと私は思っています。そして同じ気持ちの若い仲間が増えてくれたら嬉しいなと思っております。

新しいことなんてどうやってやればよいかわからないと嘆くこともできますが、一歩踏み出すとその先の人生も変わってくると実感しています。例えば、委員会に参加する、留学生との交流スペースに足を踏み入れる、憧れの企業に勤める先輩にSNSで連絡を取るなど。今の時代ネットがあるからより何でもできるのではないかな？　と思っています。

FILE 027

やりたいことをやりたいと伝えよう！

下道久美
Shitamichi Kumi

2011年 経済学部卒

自営業
（農家）

趣味・特技
料理

好きな言葉（座右の銘）
七転び八起き

1 日本に居ながら英語で生活した学生時代

2007年、父の故郷であり憧れの街「神戸」で暮らせることをとても誇りに思いながら、甲南大学へ入学しました。サークルに所属はしておりませんでしたが自然と友人も増えて、とても充実した学生生活をスタートさせていました。

初めて国際交流センターに足を運んだのは1回生の夏だったと思います。幼少期から家族でハワイやアメリカに旅行し、なんとなく英語が話せたら人生の役に立つ…と思い、高校は英語科を卒業していました。センターでは留学に関するお話や資料をいただいて、自分に合う留学を相談しました。英語はある程度話せるもののアメリカで何が勉強したいのか…当時の私にはその答えはありませんでしたが、自分の英語が通用するのか試してみたい気持ちが大きくありましたので、2回生の夏休みを利用して短期留学をすることに決めました。

2008年8月、アメリカ中部にあるイリノイ大学のSummer Programに参加しながらホームステイをしました。ホストファミリーは私を本当の家族のように迎えてくれました。メジャーリーグの試合、ミュージカル、教会。同じタイミングで留学していた仲間よりもたくさんの経験をさせてもらえたと思います。

自分の英語は通じていると実感した私は、帰国してから一人暮らしを始めました。2009年2月、3回生になる直前に、ちょうど国際交流センターから留学生との交流会イベントにお誘いいただき参加してみました。そこで出会った同い年のKali、Hayleyの2人ととても仲良くなり、私の生活が激変したのです。すっかり意気投合し、食事やピクニック、バーベキューに誘われ、留学生の中に私1人なんてことも多々ありました。学校でも休み時間を一緒に過ごしたり、ランチを共にしたりするうちに、気づけば私は半分以上が英語の生活を送っていたのです。半年後の2009年8月には仲良くなった留学生たちの留学期間が終了し帰国してしまいましたが、その後国際交流センターの職員の方に教えていただき、留学生向けの授業の聴講生として参加するようになりました。こうして2011年の卒業まで、たくさんの留学生と仲良くなることができ、日本にいながら生活の半分以上を英語に触れて過ごしたおかげで、英語力を低下させることなく（むしろ会話力は向上して）学生生活を終えることができました。

Kali と Hayley が帰国してすぐ、私はハワイに旅行に行き2人と再会をしました。卒業後も Hayley の実家であるロサンゼルスに遊びに行き交友関係は続いていきます。Kali の結婚式ではマウイ島でブライズメイドを、Hayley の結婚式にもロサンゼルスで参列しました。他にも日本に帰ってくるとKumi～と連絡をくれて当時のように食事をすることや、私が海外に行くと現地で会える友人が多く、本当に充実した学生生活だったと自負しています。

気の合う友人との出会いというのはとても貴重なことですが、私は偶然にも国籍関係なく仲良くなれる友人と出会うことができました。当時国際交流センターで行われていたさまざまなイベントのすべてに参加していたわけではありませんでしたが、このようなきっかけをくださった国際交流センターの皆様には今でも感謝しきれません。

2 アパレル企業で自分がやりたいこととは

充実した学生生活とは裏腹に、『就職活動』というものが苦手でした。リーマンショックの影響も受けなかなかうまくいかないうえに、恰好良くないリクルートスーツを着て定型文で挨拶をすることが苦痛でした。そんな時に、イギリス人の友人 Simon に「Kumi は何がしたいの？　ファッションが好きなのに銀行や商社の面接を受けるのはなぜ?」と聞かれてハッとしました。探せばアパレル企業の新卒採用に応募することも可能だったのかもしれませんが、とにかく当時の私は自分で道を開きたいと思い、親にはとても心配をかけましたが就職活動をやり切ることのないまま卒業することにしました。

外資系のアパレル企業に絞って求人を探しラルフローレン株式会社とご縁をいただいた私は、契約社員の販売員として子ども服売場や路面店で仕事を始めます。販売職は自分に向いていましたし、インバウンドの影響で英語を使う機会も多く、苦労もありましたがとても楽しく仕事をしていました。

しかし、新卒採用として同じタイミングで入社した友人と話していても、自分のキャリアパスがまったく見えず、5 年後も同じように販売をするのか…いつまでできるのか…と漠然とした迷いを抱えていました。そんな時、本社から Visual Merchandiser（VMD）という店舗のディスプレイをする方がやってきたのです。私は VMD になりたい！　と強く思うようになりました。とはいえ、どうしたら VMD になれるのか、まったく検討がつきません。さまざまな人に聞いて回ると、道は 2 つ、他社からの引き抜きか社内公募があった時の挙手のいずれかとのこと。そのチャンスを今の会社で待つべきか悩んでいたころ、当時の上司がバーバリーに転職しました。これを機に、『3 年以内に VMD になる』と明言し、2014 年バーバリージャパン株式会社へ転職を決めました。

販売員としての転職でしたが、その後も VMD の方が店舗へ来てくださるたびに「VMD になるにはどうすればいいか?」と尋ね、足りていない知識を独学で学びました。2年半が経過した時、ちょうど社内公募があり応募。2017年には晴れてVMDになることができました。

VMDになってからは本国イギリスとの直接のやりとりのため英語を使うことが増え、また海外本社や香港支社からのビジター来日の際にはアテンドする機会も多くいただき、改めて英語を習得しておいてよかったと実感しました。2019年のイギリス出張の時には、アメリカへの渡航経験しかない私の想像を超える歴史的な建物の多さや人種の多さに衝撃を受けたのを明確に覚えています。また、自分の作ったお店が増えていくこともとても感動的で、VMDになれて本当によかったと日々噛みしめていました。

バーバリーに入社して7年が経過した時に、マルニからお仕事のオファーをいただきました。歴史あるブランドでのキャリアを活かしながら英語圏ではない国発祥の若いブランドで働くことで新たな経験を積みたいと思い、2021年株式会社マルニジャパンにVMDとして転職を決めました。

4、5名のチームで動いていた前職と異なり、マルニではVMDが1名体制のため、業務範囲が広がり決断を下す場面も多く、責任も非常に大きくなりました。ですが、自分が一から構想を練り完成したお店やイベントの様子がSNSなどを通じて世界に拡散されるのを見ると、この上ない充実感を覚えました。

そんな経験を1年ほど続けたときです。主人が実家の果樹園を継ぐという話が出てきました。これまでの仕事で十分な達成感を感じていた私は、何の迷いもなく主人について移住することを決めたのです。

3　やってみたいとアウトプットしていこう

学生時代、私は具体的に将来の夢が決まっていたわけではありませんでした。ただ、やってみたいことはできる限りですべてやってきたつもりです。まずはやってみたいことを口に出してみること。そうすると不思議なもので、どのようにできるか、あるいはできる術や道筋を持っている人と出会えるものだと思います。学生時代の生活の半分以上が英語だった私ですが、その環境も自分で選んだというより、周りの方々が巡りあわせてくれた機会を逃さずにしっかりと活用したと思っています。販売員からVMDになったことも、何もわからないところから周りの人が方法を教えてくれたり人を紹介したりしてくれたからこそ叶ったことだと思います。今の世の中はSNSも普及しているので、真実と偽りを見抜くことも難しいですが、ある程度の直感も大切にしてほしいと思います。

仕事をしていくうえでは、やりたくないこともたくさん出てきます。無理をしてやり遂げた先に何か摑めるものがないのであれば、私はその道には進まなくてもいいと思っています。嫌だ嫌だと言いながらやっていても自分も周りも幸せではない気がするのです。やってみたいからやっていて生き生きしますし、辛いけど前向きに頑張って何かを摑みたい時の方が結果も輝かしくなると思います。

大学を卒業した後販売員として働いている時、何度も後悔をしたのも事実です。あの時みんなと同じように就職活動をちゃんとしていたら…と考えることも多かったです。しかし、現在では私はとても楽しく働くことができた自分の仕事や自分自身をとても誇らしく思います。

そんな私も2023年春、主人の実家である果樹園を継ぐために東北へ引っ越す予定です。10年前の私だったら、絶対に選ばない道でしょう。しかしこれも何かのご縁で、日本の綺麗な田舎の風景を見たときに、不思議と自分にできそうなことがいっぱいありそうな…可能性の宝庫に感じました。英語で何かを発信したり、VMDで培ったモノをよく見せる力を発揮したり。仕事を始めて10年以上が経過しましたが、やりたいことを貪欲にやっていく精神だけは当時と変わらずに今後も持ち続けたいと心から思います。

私の在学中より甲南大学も規模が拡大されていますが、それでも1人ひとりの学生にしっかりと向き合ってくれる学校だと思います。支えてくれる職員の方、教授、たくさんの大人が学生に向き合ってくれるのです。その環境はしっかりと活かしてほしいと思います。何事も七転び八起き、いろんなことに挑戦してみてください。

FILE 028

いっぺんきりの人生、楽しんだもん勝ち！

松永祥平

Matsunaga Shohei

2012年 法学部卒

住友三井
オートサービス
株式会社神戸支店

趣味・特技
プロ野球観戦、
居酒屋巡り、モノマネ

好きな言葉（座右の銘）
因果応報

学生時代に所属していたサークル等
テニスサークル
『HARKEYS』

1 とあるキャリアカウンセラーの先生との“出会い”と“縁”

私は“置かれた場所で花を咲かす”ことが得意と自負しておりまして、いろんなキャリアの場面で、素晴らしい経験、時間を過ごし、そして友人と出会い、その“縁”を今もつなぎ続けています。

生まれも育ちも尼崎市で、いわゆる尼っ子で地元が大好きだった私が入学した甲南大学法学部法学科は、実は滑り止めで受験した大学ではありましたが、入学式当日、『甲南大学に行かせてもらえて幸せ』という感謝の気持ちと、ワクワクしたキャンパスライフを夢見て正門をくぐりました。大学時代の思い出といえば、テニスサークル『HARKEYS』での活動や、法学部の政治学のゼミ、JR住吉駅近くのTSUTAYAでのアルバイト経験等多岐にわたりますが、今回はこの寄稿のきっかけをくださった中山一郎先生との思い出をテーマにしたいと思います。冒頭に書いた『置かれた場所で花を咲かして生きている』ことを気づかせてくれたのも先生でした。

先生とお会いしたきっかけは、これから就活が始まるぞという3回生前期に受講した「プラクティカル・キャリアデザイン」の授業でした。『このおっちゃん、初めて会った人なのにウマが合いそうだな』とビビっときまして、それが私の今のキャリアのスタートになりました。

先生と話しているうちに、就活自体が“過去の自分”を振り返り、自分という“商品”を理解し、企業へ“売り込む”ことなのだと理解しました。先生との世間話が私の潜在的なものを引き出してくれたわけですが、ほんまに親戚のおっちゃんと話しているように自分をオープンにできたことを覚えています。私は先生との“縁”をきっかけにして、就活が終えた後も、就活を控える後輩を支援する『OBF』という団体へ所属したり、桃山学院大学の学生と合同で心斎橋のApple ストアで就活をテーマにしたイベントを主催したりと、貴重な経験をすることができました。何よりしんどい気持ちが先にきがちなのが就活です。でも、いろんな企業やビジネスに触れたり、他大学の学生とコミュニケーションを取ったりすることで私なりに楽しむことができていたのは自分自身の“何事も楽しんだもん勝ち”！ というマインドの賜物でもありますが、先生との出会いによる産物にほかなりません。

人と人の“縁”をつないで続けて、その“縁”の力を最大化する。先生との出会いを通して感じたこの考えは、公私を問わず周りの人と接する時に心がけているモットーです。プライベートでは、毎年ゴールデンウイークに先生を慕う卒業生を中心に、時には在校生も交えての近況報告会（その名も『中山会』）を開催しており、その代表幹事として“縁”をつないでいます。この3年間は新型コロナウイルスの影響で実現できていませんが、現在20人にも及ぶメンバーの集う会合はきっとまた開催できると信じています。

今でも甲南大学へ入学し、中山先生との出会いを通じて得た思い出はもちろん、自分にとって良い財産になっていると自信を持って言い切ることができます。

2　モビリティサービスの可能性は∞

現在勤務する住友三井オートサービスは、就活の終盤でたまたま見つけた会社です。『できあいのモノを売るより、いろんなモノを組み合わせて、お客様にあったオーダーメイドのプランを提案したい』という想いを持っていた私が、就活を始めた当初に関心を持ったのは食品商社であり、お客様の課題解決を行うコンサルティングを行う金融業でした。結果的にどちらの業種でもないオートリース会社に就職しましたが、この業種は『商社』『金融』の両側面がありますので、実は自分にとってはベストマッチだったといえます。

我々が取り扱う社有車は、多くの企業にとって不可欠な営業ツールであることから事業遂行において重要度が高く、その点で経営に深く関わることができるからです。入社後私は東京で３年間、栃木で５年間勤務しました。栃木では取引先のお客様とお酒を飲んだりゴルフをしたりと公私ともに楽しむことができ、"第二の故郷"になりました。2020年４月に神戸へ念願の帰還を果たすものの、そんな「「飲みにケーション」が最大の武器」の私に待っていたのが、新型コロナウイルスによる我慢の２年だったことは少し誤算でした。

入社以来ずっと法人営業として働いてきた私でしたが、昨年・今年と２年連続で新入社員向けの研修プログラムの策定／実行を行う、全社横断組織（PMGと呼称）での仕事に携わる機会を得ました。オートリースに関わる知識の定着はもちろん、そこに自分の経験や知見等のエッセンスを盛り込み、新入社員にインプットだけでなく、アウトプットの機会も作るダイナミックさを楽しんでおります。この場では、昔教師になりたかったという夢も叶えることができた気がしています。

クルマ関連のビジネスは100年に一度の転換期を迎えています。我々も事業方針の転換に舵を切っており、オートリース会社から、お客様の"移動に関する"ソリューションを提供する『モビリティサービスプロバイダー』への進化を遂げています。弊社の存在意義は、“煩雑で面倒な車両管理を一手に請け負う”ことにあると考えています。クルマは買って終わりではありません。車検等のメンテナンス、税金の支払、自動車保険の管理等があり実に面倒です。その“面倒”の中に存在するお客様の“悩み”をキャッチし、最適なソリューションを提案することが我々の使命です。

最近の私のやりがいは、これまでリースでの取引が難しかったお客様から、自動車事故の削減や日々の安全運転管理者業務（運転日誌の作成、運行前後のアルコール検知記録）を最適化する『モビリティサービス』の契約をいただくことで、自分自身の営業の幅が広がるこの仕事にワクワクしています。また、私が後輩への営業支援を行ったことでその後輩が新規の契約を勝ち取ったとき、これは自分の契約以上に喜びを感じます。自分自身も、近畿圏の営業本部内の新規獲得数を競うコンテストでもトップ5に名を連ねることができており、中堅社員なりの力がついてきたことを実感しています。こういった営業成績の競争も、自分なりに楽しく向き合い続けていきます。

3 “今”を楽しむ方法は必ずある！

新型コロナウイルスの影響で不自由な学生生活を強いられることに対して、大変気の毒だなと自分のことのように心を痛めています。ただし、ピンチはチャンスという言葉もあります。私の携わる仕事でもそうでした。コロナウイルスが新たな生活様式やビジネスを生んだ面もありますし、ネガティブな出来事を自分の手でポジティブに持っていけるかどうかは、実はみなさん次第であるともいえます。私の仕事で例えますと、新型コロナウイルスの拡大は『人と人の接触機会を減らす＝ビジネスにおける外活機会の減少＝社有車の必要性低下』となります。確かに新型コロナウイルス感染症拡大によりクルマの台数は減り、弊社にとってのダメージとなりました。ですが一方では、例えば“台数を減らそうにも減らし方がわからない”“本当に減らしていいのかわからない”といったお客様に対する『車両台数の最適化』というコンサルティング提案のチャンスができました。台数を減らしても繁忙期はクルマが必要なので、不足時はレンタカーやカーシェアを借りる必要が出てくるのです。そこで弊社はお客様へ運転日誌を電子化するアプリを提案し、車両の稼働率データをビッグデータ化し、そのアプリ内でレンタカー・カーシェアが手配できますよ、といった営業活動に注力しました。今では民間をはじめ、地方自治体にも幅広くそのアプリを愛用いただいています。

このように、『こんな時だから…』と下を向くのではなく、『こんな時だからこそ!』という発想を持ち、新たな発想でチャレンジをしてもらいたいと思います。私の学生時代は『サークル』『バイト』『就活』『政治学の勉強』が主でしたが、それぞれの人との“縁”は今でもつなぎ続けています。ですので、いろんな人と、たくさん出会ってください。きっと、その“縁”がもっと楽しいキャリアへとつながります。

会社の後輩にもよく言うのですが、人生の中で働いている時間ってすごく長いですよね？ 私はその時間を楽しめたら、人生を人一倍楽しめると思っています。みなさんもぜひ今のうちからこうしたマインドを持って生活できると思える会社に出会えるように納得のいくキャリアプランを考えてみてください。最後になりますが、明けない夜はありません。この新型コロナウイルスという夜もいずれは明けます。その時には１人でも多くの学生のみなさんと、対面で、マスクなしで、満面の笑顔で出会いましょう！

FILE 029

11年間の甲南大学生活で得たもの

中井和弥

Nakai Kazuya

2013年
文学部人間科学科卒／
2015年
人文科学研究科
人間科学専攻
修士課程修了／
2020年
人文科学研究科
人間科学専攻
単位取得退学

環太平洋大学 次世代教育学部こども発達学科
専任講師

趣味・特技
ジョギング

学生時代に所属していたサークル等
体育会合気道部

1 甲南大学在学時の私について

私は甲南大学に2009年4月から2020年3月までの11年間在学していました。この11年間は、私の成長につながる濃密で重要な時間であったと考えています。

2009年4月に甲南大学の文学部人間科学科に入学したころの私は、「臨床心理士」になるという夢を抱き、息巻いていました。臨床心理士とは、うつ病やトラウマといったこころの問題にアプローチする心理カウンセラーのことです。私は甲南大学で臨床心理学に対する理解を深め、臨床心理士となり、さまざまな人々のこころの問題をスマートに解決するという夢や理想を漠然と抱いていたのです。

しかしながら、理想と現実はしばしば違うものです。大学で最初に学ぶ心理学は、私が関心を抱く臨床心理学ではなく、記憶や感情、統計、調査、実験といった基礎心理学ばかりだったのです。今でこそ、カウンセリングにおける基礎心理学の重要性が理解できるものの、当時の私にとって基礎心理学は、臨床心理学とは関係のない地味なもののように見えました。そのため、私は心理学の授業全般に対する興味を失い、当時所属していた合気道部での活動に夢中になっていきました。

転機が訪れたのは、ゼミに配属される3年生に進級した2011年でした。合気道に熱を上げていた私ですが、臨床心理士になるという夢は漠然と抱き続けていました。臨床心理士になるためには、日本臨床心理士資格認定協会の定める指定大学院を修了しなければなりません。そのため、大学院受験等の手厚いサポートをしていただけそうな福井義一先生のゼミに所属することに決めました。福井先生は、私が甲南大学を離れた現在もなお、大変お世話になっている恩師です。私と妻の結婚式にもお越しいただきました。ただし、福井先生の指導は想像以上にとても厳しいものでした。今では笑い話ですが、当時はあまりの指導の厳しさに海外への逃亡を真剣に考えたぐらいです。とはいえ、それまでいま一つ心理学の勉学・研究に身が入っていなかった私は、福井先生の熱心な指導により目が覚め、心理学の勉学・研究の面白さを少しずつ理解できるようになりました。そしていつしか、臨床心理士になること以上に心理学の研究そのものに興味を抱くようになったのです。

そこからは、研究に没頭する日々でした。甲南大学大学院の修士課程を修了し、臨床心理士資格を得た後も研究を続けるために甲南大学大学院の博士後期課程に進学しました。臨床心理士として働いて稼いだお金や奨学金を費やして、毎月のように日本全国に、そして時には海外に行き、学術大会で発表を行いました。研究に対する努力の成果が実り、日本の優れた若手研究者とみなされる「日本学術振興会特別研究員DC2」に採用されたときは、身体が震えるほど嬉しかったのを覚えています。甲南大学在学中に得た、このような経験や知識、技術は、今なお私の誇りとして残っています。

2 大学教員としての仕事

現在私は、岡山県にある環太平洋大学で専任講師をしております。保育士や幼稚園教諭を目指す大学生に心理学を教えながら研究をするのが主な仕事です。大学１年生のころの私は、臨床心理士として働くことを目指していましたが、大学院の博士課程に在籍中に、日本学術振興会特別研究員DC2に採用されたことをきっかけに、本気で大学教員を志すようになりました。DC2に採用されると、生活費と研究費をいただきながら自分の好きな研究に従事することができます。２年間当該研究員として研究を行う中で「このまま研究を仕事にしたい」、「大学教員になりたい」という思いが強くなったのです。

念願叶って大学の専任講師をしておりますが、仕事中は苦労が絶えません。私が指導をしている学生たちは、主に保育士や幼稚園教諭になることを目指しているので、学生たちの興味の的は保育学や教育学です。そのため、心理学に興味のない学生も大勢います。授業にあまり興味を持ってもらえずに困ることも多々あります。また、学生たちに指導をするために、専門外である保育学や教育学のことを苦労しながら学ばなければならないこともあります。その一方で、学生と打ち解けたときや授業がうまくいったとき、学生の成長を目の当たりにしたときには喜びを感じます。

現在の仕事には「ロールプレイングゲーム」に似た魅力があります。大学教員としての主な仕事は研究と教育、大学の管理・運営、社会活動です。これらの中で、特にどの仕事に重きを置くのかは人によって異なります。私の場合、研究に重きを置いています。限りある研究費の枠を獲得するために他の研究者と競い合ったり、自分の研究成果をまとめた論文を書いたりしています。良い研究をするために、日々新しい知識や技術を身につけたり、共同研究者という名の仲間を増やしたりもしています。大学教員としての私はまだまだ未熟者ですが、自分好みの方法で目標を達成していくことができる点で、ロールプレイングゲームのような楽しさを感じています。

3　甲南大学在学生の皆さんへ

学生時代は社会に出るための準備期間ともいえます。この期間を充実したものにするために、甲南大学に在学する皆さんにぜひしていただきたいことを２つ挙げます。

１つ目は、さまざまな体験を通して「自己分析」をすることです。皆さんは将来、就職活動をするときに必ずといってよいほど自己分析を行います。自分らしさや自分の特徴をある程度理解しておいた方が、自分によりマッチした職業・生き方を選ぶことができるからです。しかし、自己分析は日々の生活の中でも行うことができます。例えば、アルバイトや部活動、サークル、ボランティア活動、旅行、留学などをしていると、それまで気づいていなかったさまざまな「自分」と出会うことになるでしょう。つまり、自分は何が好きで、自分には何が向いているのかが見えてくるのです。多種多様な年齢・職業・性格を持った人々と接することも大切です。自分のお手本になるかもしれないですし、そうでなくても反面教師にはなるかもしれません。学生時代にさまざまな体験をすることが、皆さんのより良い職業・生き方の選択につながるはずです。

２つ目は、卒業研究に一生懸命取り組むことです。勉強は「知のインプット」であるのに対して、研究は「知のアウトプット」です。その意味で両者はまったく異なるものです。小中高とは違い、大学では研究に取り組むことができます。将来、研究に一切関与しない人であったとしても、学生時代にはぜひ一生懸命卒業研究に取り組んでください。なぜなら、卒業研究で求められるものは皆さんが将来生きていく際に役立つものでもあるからです。経済産業省が2022年に出した「未来人材ビジョン」では、将来の社会で最も求められる姿勢や能力として「夢中を手放さず１つのことを掘り下げていく姿勢」や「常識や前提にとらわれず、ゼロからイチを生み出す能力」が挙げられています。これらはまさに研究で求められ、そして培われる姿勢や能力です。また、大学での学びの集大成である卒業研究に取り組むことは、多くの方にとって困難な体験であるはずです。研究が思うように進まない焦りや仮説通りの結果が得られない落胆、指導教員の要求水準を満たせない悔しさを感じることもあるでしょう。しかし取り組む内容は違えど、社会に出れば何かしらの困難・壁に遭遇します。卒業研究を苦労して完遂した経験は、社会に出て壁に遭遇したときに「なんとかなる」と自分自身を奮い立たせることにつながるはずです。

以上の２つは、私が甲南大学に在学していたときのことを今振り返ってみて「しておいたらよかった」と思えることです。在学生の方々にとって、少しでも役に立ちそうなことが含まれていれば幸いです。甲南大学の一卒業生として、甲南大学の皆さんの人生が豊かなものになることを祈っております。

多様な価値観に触れて

澤田修司
Sawada Shuji

2013年 法学部卒

株式会社シェンゲン
代表取締役

趣味・特技
アート鑑賞

好きな言葉（座右の銘）
着眼大局 着手小局

学生時代に所属していたサークル等
アウトドアサークル

1 嘘までついて出かけた1人での海外旅行

学生時代の思い出は多くありますが、のちの人生に大きく影響を与えたことはやはり、1人での海外旅行です。私はかなり過保護な両親のもとで人生を歩んできました。そのため、「1人で海外に行くなんて危ない。ピストルで殺されるぞ。」と言われ続け、グループやツアーでの旅行ならまだしも、1人での海外旅行など決して許されることのない家庭環境でした。しかし、2012年、当時の4回生だった私は関西国際空港に立っていました。両親に嘘までついて1人で海外旅行に行くために。そして、降り立った地はブラジルでした。今思うと初めての1人での海外旅行には少しハードな環境でしたが、それを忘れさせてしまうほどの興奮が確かにその場所にあったことを今でも鮮明に覚えています。

ブラジルという場所を選んだのは、本の中で出会ったゾエ族という現代に生きる裸族の存在を知り、どうしても会いたいと衝動的に思ったからでした。ただ、実際にブラジルに行ったまではよかったのですが、当時の私に計画性などという言葉はなく、どのようにすれば会うことができるのかまったくわかりません。それでも、なんとか調べて国立先住民保護財団の紹介でポエスロというセルタニスタ（先住民を守ることができる人にだけ与えられる資格）を持つ人に出会うことができました。そこからは、アマゾンに行くためのワクチンを接種するなど、すべてポエスロが手配してくれてスムーズにいきました。そして、念願のゾエ族の集落に到着したときは感動というよりは脳が揺さぶられるほどの衝撃の方が大きく、瞬く間に時が過ぎ去りました。当然、授業で習った原始時代と同じく、狩猟を中心に生活している民族だったので自身の生活と大きなギャップがあることは想定していたのですが、本からでは知り得ない体験がそこにありました。

裸族の人々との接触なので、当然自身も衣服を脱ぐ覚悟はしていたのですが、脱ぐとすぐに複数の男女から身体中を触られ続けるのです。その時間は本当に長く感じられると同時に少しの恐怖もありました。後ほどポエスロから聞いた話では、その行為によって彼らは「人間かどうか確認している」とのことでした。私は驚きました。なぜなら「自分が人間か。」など疑ったことはなかったからです。それからは狩猟に同行させていただくなど多くの体験をさせていただきましたが、やはり最大の驚きは自身が人間かどうか疑われたことでした。この経験は今でも「当たり前を疑おう」という意識として自身の中に根づき、思考の原点となっています。

2　文化という武器を携えて

現在、私は複数の事業を行っているのですが、主軸の事業として「日本茶の輸出販売」を行っています。北は秋田から南は鹿児島まで、実は多くの地域に日本茶の農家さんが点在しています。その農家さんから直接取引にてお茶を仕入れ、海外の富裕層や多くの取引先に卸しています。2022年の時点では28か国の方々と取引があり、今後も海外を主軸に事業を伸ばしていく予定です。

この事業は６年ほど前にスタートしました。きっかけは“茶師”と呼ばれる人との出会いでした。茶師はワインのソムリエのようなもので、産地のものに対して品評を行ったり、時にはより良い味を出すために茶葉のブレンドを行ったりするのが仕事です。私は京都で、ある茶師に淹れていただいた“一杯の煎茶”に魅了され、「こんなに美味しいお茶があるということを日本人に知ってほしい」と思い、これを事業にしたいと考えるようになりました。しかし、すぐに壁にぶち当たります。それは、私のような門外漢にはあまりにも高すぎる業界のハードルと収益性の悪さが原因でした。世間では「お茶は無料で出てくるもの」ということが慣習としてあり、どれだけ飲食店に営業をかけても、「コストが合わへんやろ、お茶では金は取られへんやん」と言われ続けたのです。お茶の持つ“価値”が飲食業界で理解されず、思いあぐねたまま何とか頑張って売っても、利益は数千円程度に留まるばかり。いうなれば、ずっと赤字の状況が続くような事業計画になっていたのです。

なぜやっているのか。私自身が迷子になり、この時ばかりは諦めそうになりました。それから数か月は正直考えることも億劫で事業から逃げるかのように、日本にいる海外の友人と遊び呆ける毎日を過ごしました。その時、ある友人から「日本で売らずに海外で売ればいいじゃん」と軽い気持ちで言われ、はっとしました。「日本人に美味しいお茶の存在を知ってほしい」という思いにとらわれ、すごく視野が狭くなっている自身に気がつかされたのです。それ以降、お茶事業を海外販売に大きくシフトさせたことで売上が伸び、現在では売上の多くを占め会社の根幹を担う事業と成長しました。海外で販売するということは口でいうのは簡単でも実際は難しいことも多く、法律などの大きなハードルも多々あります。ですが、先が暗闇の状況を脱したことにより心理的なストレスは幾分和らぎ、日々楽しく事業に取り組んでいます。

3 ぜひ早いうちから行動を、そしてその先の出会いを

大学を卒業し、社会に出てもうすぐ10年近くになりますが、大学生時代を有意義に過ごせたかと言われるとはっきりと「はい」と答える自信が私にはありません。しかし、皆さんにはまだ「はい」と答えるチャンスが残されているかと思います。私自身は、周りも就職するから就職活動しようと思ってなんとなく社会に出てしまいました。大学時代に一人旅を経験したことなど、他の学生と比べると少なからず私は面白い体験をしてきたかもしれません。しかし、それでも充実した学生生活だったとは言い切れないことを今でも後悔しています。あの時間があれば、こんなことができたのに、あんなことができたのに。これは多くの社会人の皆さんが感じていることだろうと思います。だからこそ大学生活で過ごす時間を大事にしてほしいと思うのです。

正直甲南大学ほど心地よい大学は他にはないかと思います。そのコミュニティに属しているとなんとなく生活することは容易で、なんとなく就職だってできるかもしれません。もちろんこの表現に悪意はなく、本当にそのように感じます。また、社会に出てからも甲南大学の卒業生の甲南愛は強く、本当によくしてくださる先輩ばかりです。そんな環境だからこそあえてこの心地よさにただ身を任せるのではなく、学生時代にしっかりと多くの価値観に出会うべく飛び出していくことが一番重要だと思います。そのためにはまず行動です。行動するからこそ開ける世界がそこにあります。そこにはもしかしたら目を疑うような非常識が待っているかもしれません。しかし、それは誰かの「当たり前」なのです。行動を通して心に抱く、多くの感情や違和感について思いを巡らせながら、自分自身の「当たり前」を疑ってほしいのです。この経験は必ず、社会に出てからの成長にもつながります。仕事をするときも何をするときも、必ずと言っていいほどこの「当たり前」が成長を妨げたりすることが多いとこの10年近くの経験で感じています。

学生時代にいろいろな価値観に触れ合うための方法として私が強くすすめ

たいのは、海外に渡航することや少し苦手だなと感じるような人に会うことなど、チャレンジする時間を一定程度取ることです。その人や国の文化にはまたあなたの知らない「当たり前」が存在します。それを知ったうえでコミュニケーションを取ることはきっとどんな人にも役立つことだと思いますので、よかったら参考にしてみてください。

最後に、何よりも全力で学生生活を楽しんでくださいね。

FILE 031

CUBEで学んだこと

本村隆馬

Motomura Ryuma

2013年 マネジメント創造学部卒

株式会社SATSUZEN
代表取締役

趣味・特技

空手

好きな言葉（座右の銘）

総川向海

1 目標のなかった学生時代から起業するに至るまで

福岡県北九州市に生まれてから18年間を九州で過ごしていた私が一念発起して甲南大学のCUBE（マネジメント創造学部の愛称）に入学したのは、「あたらしもの好き」だったからにほかなりません。高校卒業後の進路に悩み、いろいろな大学のパンフレットを取り寄せていた時、甲南大学（CUBE）のパンフレットにある「1期生」という言葉にたまたま目が留まりました。「1期生」というワードが「あたらしもの好き」の自分の心に響いたのです。実際に入学してみると、「経済・経営・英語」の三本柱のカリキュラムは新鮮でしたし、自分を取り囲む環境が良い刺激になり、とても学びになった4年間でした。

一方プライベートでは、バンドを組んだり、スキー旅行に行ったり、レンタカーを借りて遊園地に行ったりと、人に誇れるような活動をしたわけではありませんが、大切な友人たちと楽しく過ごした思い出は今も鮮明に心に残っています。

さて、このような一般的な大学生活を謳歌していましたが、すべてが順調だったとはいえません。当時、私は何か目標のある未来に向けて活動的に動いていたわけではありませんでした。周りの友人と比べて本当に出来が悪かったですし、友達みんながキラキラ輝いているように感じていたので、劣等感を感じることもしばしば、これからどうしたらいいのか悩んだことも多々ありました。

3年生の後半になると悩みはさらに大きくなってきます。周りが一流企業に就職を決め始めている一方で、自分には目標がなく、なかなか将来に目を向けることができませんでした。当時所属していたプロジェクト（ゼミ）でも、佐藤治正先生からよく「お前は国（福岡）に帰れ」と言われていました。何も目標がないのであればそれもいいかなと思っていました。

このように将来の目標を見出せないまま毎日を過ごしていた時期も正直ありましたが、目の前にある学業については頑張ると心に決め、授業やプロジェクト（ゼミ）に臨んでいました。当時、街の広告がどんどんデジタルサイネージに変わっていく様子をよく目にしていて、これからの広告がどのように変化するのか研究したいと思うようになりました。そこで佐藤先生のプロジェクトでは「ネット広告について」を研究し、卒業論文としてまとめ、卒業することができました。

このように私の大学生活は、劣等感や将来の悩みを抱えながらも、ただ目の前にあることに一生懸命に取り組んだ4年間でした。ですが、心に決めて一生懸命に取り組んだことが、今の仕事にも活かされているのです。

2 今の仕事に活かされていること

皆さんは、SASSEN（サッセン）というスポーツをご存じでしょうか。

サッセンとは、家の中でも、公園でも、オフィスでも、どんな場所でも手軽にできる次世代のデジタルスポーツとして、2016年に生まれた新しいスポーツです。圧力センサーを内蔵し日本刀をイメージして作られた

「SASSEN 刀（とう）」を使い、Bluetooth で接続した専用アプリを使ってどちらが早く当てたのかを機械判定するデジタルチャンバラです。2016 年には特許を取得し、年齢性別関係なくできる運動（生涯スポーツ）として本格的に活動し、2020 年度に 150 人だった競技人口は現在 2000 人ほどに上ります。

私は現在、「株式会社 SATSUZEN　代表取締役」と「一般社団法人　全日本サッセン協会　会長」を兼務し、この次世代デジタルスポーツを普及させるためにイベントなどの企画・開発・運営を行っております。

将来の目標がなかなか定まらないまま卒業した私が、いきなりこの仕事にたどり着いたわけではありません。大学卒業後になんとなく就職した大阪市内の会社は、なんとなくという理由では続くはずもなく、2 年ほどで退職という決断に至りました。私は逃げ帰るように地元福岡県に戻り、次の職が見つかるまでの間、家業を手伝っていました。私の実家は福岡県内で 40 年近く続いている日本空手道 風林火山武術道場を営んでおり、私は二代目になります。この自分も慣れ親しんだ空手道場で子どもたちを中心に指導することとなりました。

3 歳のころから道場に通って訓練を受けてきた私でしたが、大人になって改めて練習に参加すると、子どものころと視点が違い、多くの気づきがありました。何より生徒が楽しく練習に取り組む姿勢を通して指導することが楽しく感じられ、熱心に指導に励むようになりました。そのうちに自分の道場の教えや信念をもっと広めていきたいと思うようになりました。風林火山武術道場の信念は、けがをしないように、楽しく武術を学ぶことです。そこで、護身術がベースとなっていた武道を年配の方でもけがを気にすることなく健康にできるようアレンジして、最高師範である父と一緒にスポーツ武術サッセンとしてスタートさせました。

自分が生まれ育ってきた道場で新しく誕生したサッセン。まさに「あたらしもの好き」の自分にぴったりのスポーツだと考え、私はその普及に力を入れ、2020 年初旬からは東京に進出しました。おかげさまで日本経済新聞や NHK、民放各社のテレビ番組でも取り上げていただき、少しずつ、着実に活動を広げています。これまで世の中になかったものに対して価値をつけ、多くの人に知ってもらう手段を考えて、実行する。難しいチャレンジですが、学生時代にCMやデジタルサイネージ広告について研究した時の経験が今になって役に立っています。

「サッセン」という言葉・概念を知っている人は、今はまだ本当にごくわずかだと思いますが、その概念をたくさんの人に知ってもらうためにこれからも一生懸命取り組んでいきたいと考えています。

3 学生の皆さんへのメッセージ

サッセンという誰も見聞きしたことのないものを伝え、広めていくためには、サッセンとは何か？ なぜその名前にしたのか？ 魅力を伝えるためのキャッチフレーズは何か？ など、考えることは常にたくさんあります。先述した通り、私は学生時代から「物の売り方・伝え方・気になる広告」などに日々アンテナを張りながら生活をし、研究していたわけですが、その経験が今になって活かされています。

私のように明確な目標や夢がないまま大学生活を過ごしている方も多いと思います。ですが、いつか見つかる時が来ます。その時に甲南大学で学んだことや体験したことが、必ず活かされると思っています。ですので、今目標がなくても、希望する会社に就職できなくても、まずは周りの友人やキャリアセンターで相談をしてみることをおすすめします。人と話すことで、自分でも気づかなかったことが見つかることもあります。

また、やらなければいけないことをいい加減にせずしっかりと取り組んでみてください。目の前のことを1つずつ進めていくことで、きっとやりがいのある仕事が見つかることにつながっていくと思います。少しでも私が役に立ちそうなことがあれば何でも相談してくださいね。応援しています。私もまだまだ頑張ります。

人生の分岐点を大切に

斎藤麻世
Saito Mayo

2014年 文学部
英語英米文学科卒

グローリー株式会社
勤務

趣味・特技
ヨガ、ウォーキング、
映画鑑賞

好きな言葉（座右の銘）
No pain, no gain.

学生時代に所属していたサークル等
バレーボールサークル

1 失敗は恥ずかしくない

人生には“ターニングポイント”と呼ばれるタイミングがあると言いますが、カナダへの留学は私の大切なターニングポイントの1つです。入学当初から在学中に留学したいと考えていた私は、交換留学先として甲南大学と交流のあったカナダのビクトリア大学に行くことを目標にしました。私の経験した交換留学とは、期間の前半はホームステイをしながら語学学校に通い、後半はいろいろな国からの留学生とともに大学の寮に住みながら、講義を受けるというプログラムです。無事留学資格を得た私は、3回生の4月に胸を躍らせながら日本を出発しました。

しかし、すぐに現実を突きつけられることとなるのです。空港に迎えに来てくれたホストファーザーに「フライト疲れたかい？」と聞かれた私が返せた答えは「No」のみ。あれ？思っていたより自分が何も話せないことにすぐに気づきました。本当は「少しは眠れたからそんなに疲れてないよ」と伝えたいのに、間違えることを恐れてそれ以上話そうとしなかったのです。ホストファミリーとの会話が聞き取れないときにも聞き返すことを恥ずかしがり、その場をやり過ごす日々が２週間ほど続きました。そんなある日、日本の家族とスカイプをしたとき、母の何気ない「どのくらい英語上達したの？」の問いが胸に引っかかりました。少しも成長しようとしていなかったことに気づいたからです。失敗することへの恐れや恥ずかしさに気を取られ、貴重な機会を無駄にしていました。

まずは身近なところから変えようと、自由時間を自分の部屋ではなくホストファミリーとリビングで過ごすようにしました。些細なことでもわからなければすぐに聞き返し、間違った文法や単語は直したいから教えてほしいとお願いしました。こうして彼らと過ごすうちに、聞き取れる内容や話せる量が格段に増えていきました。

そして９月からは本格的に大学の講義がスタートしました。講義初日は、今でも忘れません。パワフルな講義にただただ圧倒されました。一瞬でも気を抜けば簡単に置いていかれてしまうような講義のスピード。そしてインタラクティブな講義形式、教授からの問いに対して生徒が答えることで講義にどんどんと枝葉がつき、内容が広がり深まっていきます。また逆も然りで、生徒が少しでも疑問に思ったり、納得できない部分があるとすぐに手を挙げ質問します。ここでも私は恥を捨て、自ら教授にボイスレコーダーで講義を録音していいか、と許可をとりに行きました。講義の後は毎日そのレコーディングを聞きながら復習、そしてわからないところは翌日の講義前に教授のオフィスを訪れ、納得がいくまで質問をする、という日々を約３か月間続けました。毎日オフィスに来る私に対して「日本人は消極的な人が多いと思っていたよ」と教授は笑っていましたが、その甲斐もあってか無事カナダで単位を取得し帰国することができました。留学当初はできないことだらけで、たくさん失敗もしました。失敗したその瞬間は恥ずかしさがあるものの、後に振り返ってみると、むしろその経験があったからこそ大事なことを学ぶことができた、とありがたく感じるのです。「失敗は恥ずかしくない」。

2 変化の激しい時代を生き抜くために

大学卒業後、私は兵庫県姫路市に本社を構えるグローリー株式会社に入社しました。当社は21か国100か所以上で貨幣処理機の製造、販売、保守を実施しております。「貨幣処理機」とは現金を数える機械で、みなさんの身近なものですとコンビニエンスストアや飲食店・小売店などにご導入いただいている自動釣銭機や駅に設置してあるコインロッカーなどです。カナダでの交換留学を終え、友人よりも数か月遅れで就職活動をスタートした私は、ちょうどグローリーが同業世界最大手のタラリス・トプコ社を買収したことを知りました。これまで学んできた英語を使って働きたいと考えていた私は、このグローリーで海外事業に携わる仕事をしたいと思いました。

晴れて4月に入社し、まず配属された先は東京勤務のインストラクターでした。インストラクターとは、機械をご購入いただいた金融機関を訪問し、数日間という限られた時間の中で、その使い方をお伝えするという役割です。北は青森県から南は沖縄県まで全国津々浦々、たくさんのお客様を訪問する日々を過ごしました。しかしいつかは、やはりこれまで勉強してきた英語を使って働きたいと思っていましたので、定期的な英語レベルのチェックと、上司への意思表示は怠らず続けていました。

社会人になってのターニングポイントは2019年6月でした。毎年この時期になると社内で短期留学の募集が始まります。海外カンパニーに所属されている方々が仕事で使う英語のレベルアップを図るプログラムです。当時私は国内カンパニーに所属していましたので当然日々の業務で英語は使いませんが、応募条件の1つである「入社5年以上」をクリアする年に必ず応募したいと考えていました。面接など選考プロセスを経た結果、幸運なことに留学させていただけることになり、約3か月間、イギリスのブライトンでビジネス英語を学びました。ヨーロッパや東アジア等、さまざまな国のビジネスマンとの授業は、語学としての英語の習得以上に世界におけるビジネススタンダードを学ぶ良い機会でした。

そしてその翌々年、現在所属している海外カンパニー新通貨流通事業企画部へと異動しました。業務内容は主に海外市場における新規ビジネスの企画・立案です。毎日が激しく変化するこのVUCA時代において、新しいビジネスを成功させることは簡単ではありません。実際に自分たちが考えた新規ビジネスが、ターゲットとしている国や地域で受け入れてもらえるのか、需要はあるのかといったことを、試行を重ねて確認します。そして試行結果を踏まえて正式に事業化をする、もしくは思った通りの結果が得られなかったので中止する、というように新規事業の企画に携わっています。日本は安全でとても暮らしやすい国ですが、まだまだ普通の暮らしが難しい国もたくさんあります。そんな国や社会において少しでも人々の生活を良くできるような、困っている人を少しでも手助けできるようなサービスや事業を考えていきたいと思っています。

3 より豊かな人生を目指して

僭越ながら、学生のみなさんに2つのことをお伝えしたいと思います。まずは、「周りの人を大切にする」ということです。これは、私がこれまでの人生で常に大事にしてきたことでもあります。自分の両親、祖父母、兄弟はもちろんのこと、カナダそしてイギリス留学時のホストファミリー、学生時代の友人、就職してからの上司、先輩、同期など枚挙にいとまがありませんが、これまでの人生でつまずいたとき、迷ったとき、ターニングポイントにはいつも必ず誰かが傍にいて、助けてくれました。周りの人々のサポートなしでは、自分の気持ちに正直な決断もできなかったでしょうし、充実した人生を送れなかったと確信しています。いつも傍にいてくれることを当たり前と思わず、これからも自分の周りにいてくれる人を大切にしたいと思います。ぜひみなさんも一度自分の周りにいてくれる人を再認識し、大切にしてほしいなと心から思います。

もう１つは、みなさんにお伝えすると同時に私自身もこれからの人生において大事にしたいことを書かせていただきます。株式会社ユーグレナのCEOである出雲充さんがネットでの対談でおっしゃっていた、「コンフォートゾーンを飛び出す」ということです。出雲社長は東京大学を卒業後、都銀に就職するも学生時代にインターンとして赴いたバンクラディシュで出会ったミドリムシへの愛と夢を捨てきれず、銀行を退職、そして今のユーグレナという会社を設立されました。熱心な研究の末にミドリムシの培養に成功され、世界で初めてミドリムシの豊富な栄養素を含んだドリンクやサプリメントなどを販売した方です。誰もミドリムシが世界の栄養失調問題の改善に寄与すると思いもつかなかったでしょうが、出雲社長が挑戦の末に成しえたことです。

これまでやってきたことをこの先も続けることは、居心地はいいけれど、何も新しい発見はありません。私自身、新たなビジネスを企画するために失敗しても大丈夫という思いで、コンフォートゾーンから出てさまざまなことに挑戦していきたいと思います。

最後になりますが、100年時代と言われる人生をより豊かにできるのは自分だけです。就活がうまくいかない、バイトで忙しい、試験が大変、卒論に追われているなど、それぞれ目先の出来事で手一杯になってしまうときがあるかもしれませんが、どうか広い視野を持って、積極的にコンフォートゾーンを飛び出していただきたいと思います。みなさまがさまざまな挑戦を通してより有意義な学生生活が過ごせますよう、そしてより豊かな人生となりますよう、心から願っております。

FILE 033

和魂洋才
～グローバルバンカーとして

新井雄己

Arai Yuki

2014年 マネジメント創造学部特別留学コース卒

株式会社三井住友銀行勤務

趣味・特技

筋トレ、ゴルフ

好きな言葉（座右の銘）

和魂洋才

学生時代に所属していたサークル等

O-Zone Committee

1 気づきは自分の五感から

「もっと多くの日本人、日系企業が海外に挑戦するべきだ」

在学中の海外経験で実感したことです。アメリカ・ロサンゼルスでのインターンシップ、カナダ・ビクトリア大学経営学部への留学、そして留学後にグローバル栄誉奨学生として頂戴した奨学金を使ってのヨーロッパ10か国周遊等、実際に海外へ足を運ぶことで、多くの経験や気づきを得ることができました。例えば、デンマークは、自転車を時速20kmで走行すれば赤信号に当たらず、車などを利用するよりも快適かつ時間通りに移動できるように設定されており、環境に優しい交通網が整えられています。また、男女平等社会で有名なスウェーデンでは、ノーベル賞記念晩餐会の会場であるストックホルム市庁舎内に角柱と円柱が同数並んでおり、それらがこの歴史的な建物を支えています（角柱は女性の多面性を、円柱は男性の一面性を表すといった意味も込められているそうです）。デンマークが「世界のSDGs達成度ランキング」で上位である理由や、世界初のフェミニスト政府ともされるスウェーデンの男女平等精神における長い歴史など、実際に自分の目で見て、肌で感じ、頭で理解することで知識や経験として蓄積されていくのを感じました。それと同時に、海外に足を運ぶことで数々の新たな発見があり、まだ見ぬ多くの可能性が広がっていることにも気づかされました。

これらの気づきから、私は銀行への就職を志望しました。銀行員として日系企業の海外進出をサポートしつつ、お客様とともに自分も海外経験を重ねながら成長したいと考えたためです。三井住友銀行に就職後、数年間の国内勤務を経たのち、ロンドン、ニューヨークと海外赴任を経験していますが、学生時代に実感した「自分の目で見て、肌で感じる姿勢」は、私の銀行業務でも重要な基盤になっています。

2 銀行員からグローバルバンカーへ

三井住友銀行では横浜、大阪、ロンドン、ニューヨークというキャリアで、その約半分が海外勤務になります。

初任店の横浜では、主に中小企業を担当する法人営業を行いました。担当先のお客様はドラマに出てくるような町工場や、ビルの一室がオフィスというような規模の小さな法人でした。無知な新入行員にもかかわらず、私を無下にすることなく、多くのことを教えていただき、銀行員として初めて成約した案件は今でも鮮明に記憶に残っています。

入行３年目、関西でも最大規模である梅田法人営業第一部に異動となり、上場企業を担当しました。SMBC海外拠点と連携したグローバルベースでの提案や、お客様の事業拡大に向けたM&A、銀行や証券会社の個人部門担当者と協働での経営者へ対しての資産運用や事業承継の提案と、多岐にわたる提案を行いました。お客様の真のニーズを把握するためには、担当先の経理部や財務部と面談するだけでは不十分です。経営企画部や新規事業部、人事部や総務部などさまざまな部門長と面談を重ね、お客様のことを深くまで理解し、SMBC グループ会社を含む多くの部署と連携しながら幅広いソリューション提案を行いました。また、担当先の社長の良き相談相手になることにも注力しました。家族や社員には相談することのできない悩みを抱えている社長のことを深くまで理解し、唯一の相談相手となれることは銀行員の存在意義でもあります。この部署では法人営業部員としての大事なエッセンスを学ぶことができました。

入行5年目、ロンドンにある英国SMBC日興キャピタルマーケット会社に赴任、デリバティブマーケティングに従事しました。デリバティブとは、マーケットと連動する金融派生商品のことで、お客様が有する金利や通貨のリスクヘッジや運用を実現できる商品です。お客様から評価、信頼をいただくためには、刻々と変化するマーケットを事前に予測する力が必須です。多くの経済指標や各国の要人発言、世界情勢を踏まえた考察、さまざまな情報をもとに検証した自分なりの理論を踏まえてマーケットを予測し、日々提案活動を行いました。ロンドンでは日系企業だけではなく、欧州大陸の非日系企業も担当し、赴任2年目に大型 M&A 案件をクローズできたことは、自身が海外でも勝負できるという大きな自信になりました。

ロンドンでの大きな成果もあり、希望通りニューヨークの米州営業第二部に異動となりました。当部ではSMBC日興セキュリティーズ・アメリカを兼務しており、非日系（主にアメリカ資本）の企業に対して、融資等のコーポレートファイナンスおよび、株式による資金調達や M&A 等の投資銀行（インベストメントバンキング）業務の両面から提案を行っています。アメリカは日本よりも積極的な株式発行による資金調達、M&A を多用した事業拡大や事業の取捨選択、積極配当による投資家への還元といったダイナミックなファイナンスの環境であるため、日本で経験するそれとは違った環境での業務を行っています。

3　グローバル社会と平生先生の教え

私から伝えたいことは２つあります。

１つは「常に備えよ」です。私自身の学生生活やキャリアを振り返った時、たくさんのチャンスや選択がありました。その時にチャンスを摑めるのか、自分にとって正しい選択ができるのか。それまでしっかりと準備できていたかどうかで、その後の自分の人生に大きな影響をもたらすと思っています。何事にも真摯に向き合い、できる限りの準備を行うことで、突然舞い込んでくるチャンスを摑み取り、また決断を迫られる場面でも適切な選択をすることができると思います。

２つ目は「和魂洋才」です。これは自身の座右の銘でもあり、平生釟三郎先生のおっしゃる「世界に通用する紳士たれ」を体現するために必要不可欠な要素であると確信しています。自身が海外勤務を通じて感じたことの１つに、和の心は日本人が世界で勝負するときの強みである、ということがあります。私の定義した和の心とは、相手を思いやること、言われる前に相手の思いを汲み取ること、自分だけでなく相手にも幸せや利益を与える意識を持つことです。この心が日本人の大きな強みであると実感した事例があります。それはロンドン勤務時に担当した、欧州企業のクロスボーダーM&A案件です。本案件は複数の欧州系金融機関も交えた入札かつ、短期間で行内稟議を取得しなければならないということに加え、毎日お客様からの要望や、銀行本部からの質問で情報が錯綜しており、各行は各情報の整理と稟議対応で手一杯の状態でした。実はこの時、お客様側の権限者が欧州、日本、アメリカと各地に点在し、お客様内部でもミスコミュニケーションが発生している状態でした。私は各国のSMBC行員と連携し、各地域の生の声をヒアリングのうえ、日欧米の時差を利用しての24時間フル稼働でスピーディーに纏め上げ、他行より早く稟議認可を取得、お客様から大きな信頼を獲得することができました。本来、複数の金融機関で取り組む大型案件ですが、コロナ禍でマーケットが大きく変動していたこともあり、スピード最優先で当行一行で約定したことは自身にとって大きな成果となりました。これは本案件で唯一の日本人であった私ならではの緻密なサポートであり、その根底にあったのはお客様を思いやる心や、お客様の考えを汲み取り先手先手で提案、対応をする日本人らしい姿勢でした。この「和魂」に加え、日本にはないノウハウやスキルのような「洋才」を組み合わせることで、グローバルな競争社会でも日本人として、十分に勝負ができると確信しています。

100 年も前に平生先生がおっしゃった言葉は、現代のグローバル社会でも極めて重要な意味を持つと思っています。甲南生が世界で活躍することは絶対にできます。皆様もぜひ、平生先生のお言葉を意識してみてください。

自分探しと自分磨き

石川真実
Ishikawa Mami

2014年 フロンティア
サイエンス学部
生命化学科卒／
2016年 フロンティア
サイエンス研究科
生命化学専攻
修士課程修了／
2019年 フロンティア
サイエンス研究科
生命化学専攻
博士後期課程修了

アエラスバイオ
株式会社勤務

趣味・特技
読書、旅行

好きな言葉（座右の銘）
雪に耐えて梅花麗し

1 自分の軸探し

私が甲南大学を志望した理由は「なんか最先端でかっこよさそう」という単純なもので、研究に対して憧れはあるものの、将来就きたい職業が明確ではないまま、フロンティアサイエンス学部の２期生として大学生になりました。当初は勉強があまり好きではなく、試験に受かる程度に勉強を行っていた私の意識が変わったのは大学２年生の時です。発生学を受講した際、これまで点で覚えていた知識が繋がって、線となった瞬間をよく覚えています。勉強が得意ではない私にとって非常に衝撃的で、そこからは勉強が苦ではなくなりました。その後、知識があるだけでは研究はできないことを大学3、4年生で先生方に教えていただき、知識と思考力を磨く日々が続きました。自分が初めて発見した現象を研究していくのはとても楽しく、大学院の修士課程に迷わず進みました。

修士課程での一番の思い出はギリシャでの学会です。修士１年の時にギリシャで開催された国際学会で口頭発表をしたのですが、発表した時の緊張感や興奮はいまだに覚えています。拙い英語で伝える自分の研究を、年齢・性別・人種問わず多くの方に真剣に聞いてもらえるのはとても嬉しかったですし、大きな達成感を味わえました。国際学会への参加は私にとってはとても大きなチャレンジで、学会に行くまでは「もし英語を忘れたら…」「もし誰にも聞いてもらえなかったら…」等とネガティブに考えていましたが、学会に参加する覚悟を決めて、頑張ってよかったと思います。

修士課程修了後の進路については、就職するか博士後期課程に進むかを非常に悩みました。早く就職したいけれど、このまま就職したら何年後かに「あの時進学していればよかったな」と後悔する日が来るという確信が不思議とありました。一度就職をして、博士後期課程に本当に行きたくなったら進学する道でもいいかと思いましたが、社会人で博士号を取得した方にお話を聞くと、「社会人になってからの博士号取得は時間的かつ体力的にも非常に厳しい。加えて博士号取得をバックアップしてくれる会社はそんなに多くない。取れる時に取っておくべき。」と背中を押されたこともあり、博士後期課程進学を決めました。

いざ進学すると、研究と向き合う作業は楽しさ２割、しんどさ８割（個人的意見です）でしたが、自分の目標を明確にできた非常に大事な期間でした。修士課程までは「これからも研究に携われたらいいな」というぼんやりとした思いしかありませんでしたが、博士後期課程に進学したことで研究を通して何がしたいのかをより具体的に考えるようになりました。研究といっても、生命現象を解き明かす基礎研究や、実用的なゴールを目指す研究開発等、研究の立ち位置はさまざまです。私は基礎研究を行う中で、実用化に近い研究で社会に貢献したいという思いが強くなり、博士後期課程を修了後は企業へ入社することにしました。

2　最先端の研究で社会貢献

近年、医療技術の発展により、事故や病気等で失った身体の一部を再生させる再生医療が注目されています。再生医療の１つに、歯髄再生治療という治療法があります。この治療法は虫歯等で歯の神経組織（歯髄）を失った歯の歯髄を再生させる方法です。私が働いているアエラスバイオ株式会社は、提携歯科医院とともに世界で初めてこの治療法を実用化し、治療に必要である歯髄幹細胞のバンク事業を行っています。私は歯髄再生治療の研究開発および効率的な歯髄幹細胞の加工技術の開発を担当しており、大学院の時に目標とした実用化に近い立ち位置の研究を行うことができています。

入社のきっかけは、大学院在学時に「とある会社が新しい事業を始めようとしているらしいんだけど、興味ない？」と声をかけていただいたことです。事業の立ち上げに関われる機会は滅多にないと思い、飛び込んでみることに決めました。入社前から月に１回のミーティングに参加し、プロジェクトの進捗状況や自分が入社後にするべき業務を確認していたため、働き始めてからも仕事について戸惑うことはあまりありませんでした。入社時には事業化に向けた動きが加速しており、研究開発のスケジュールも非常にタイトでしたが、その時に出した研究成果が事業の基盤となり、その先の社会貢献に繋がっていることが非常に嬉しく思っています。

博士後期課程を修了後、企業に入った私が苦労した点についても少しお話しします。学生時代の思い出でも少し触れていましたが、大学と企業では研究の種類がガラッと変わります。大学での研究（いわゆる基礎研究）は生命現象に対して“面白そう”という視点で研究を行っていましたが、企業での研究は“いかに社会に貢献できるか”の視点で研究開発を行わなければいけません。面白い現象を発見しても、それが事業的に価値のある現象であるとは限りません。「事業化が可能か？」「費用対効果は？」を常に考え、企業として意味のある研究を進めるのが企業の研究開発です。実用化に近い研究がしたいと意気込んでいた私ですが、最初は大学院にいたころの研究のクセが残っており、ついつい面白そうな現象に対してメカニズムを調べる方向に手が動くことも多々あり、効率の悪い仕事をしてしまうこともありました。研究の取り組み方に対するギャップに最初は苦労しましたが、入社して2、3年でようやく慣れてきたように思います。社会人としてはまだまだ新人で、今後もトライ&エラーを繰り返すと思いますが、社会に貢献できるように日々精進しようと思っています。

3 未来を見据えた行動を

今回の執筆にあたり、自分のこれまでの人生を振り返ってみると、私はもしかしたら運が良い方なのかもしれません。刺激し合える友達や尊敬できる先生方との出会い、助成金の採択等、思い返せば恵まれていることが多かったように思います。ただ1つだけ言えるのは、私はボーっと突っ立っているだけで良いことが起こるような超ラッキー人間ではなかったということです。もしかしたらそのような羨ましい方もいるかもしれませんが、残念ながら私は違います。泣きながら論文を書いたこともありましたし、自分を追い込みすぎて体調を崩すこともありました。そのちょっとした裏側の努力を合わせた結果、運が良くなったのだと思います。これは「私は日頃の行いが良いから運が良いんだよ」ということではなく、「コツコツと努力をすることが良い結果を招く」ということです。これは自覚の有無にかかわらず、皆さんも大なり小なり実際にやっていることだと思います。例えばダイエットもそうですね。チョコレートをいつもは2個食べるけど今日は1個にする、もしくは今日はやめておこうと思い行動することで、長期的に見れば理想の体型に近づくことができます。皆さんの日常的に行っている努力はどのようなものがあるでしょうか。まずは日常生活を振り返って、自分に合っている頑張り方を見つけてみましょう。そうすることで何かに挑戦する際にも「いつもやっている方法で頑張ればいいんだ」と一歩が踏み出しやすくなると思います。

大学生活は楽しい分、一瞬で過ぎていきます。社会人になると味わえない期間限定の楽しさをまずは思う存分楽しむべきだと思いますが、その中で自分が何をしている時が楽しいかを考え、1年後ではなく少し先（10年後や20年後）を想像して行動してみてください。私の場合は博士後期課程進学がそうでしたが、例えばキャリアを積み重ねていった時に資格や外国語が必要であればその勉強をするなど、学生のうちにしんどそうだ（でも身になりそうだ）と思うことを自分に合った方法で努力してみると、その経験が人生でたびたび訪れるハードルを少しだけ低くしてくれて、将来の自分を助けてくれると思います。

コロナ禍でたくさんの制限がある中での大学生活は少し窮屈に感じることもあるかと思います。その中でこの本が皆さんの大学生活が豊かになるためのヒントになれたら嬉しいです。

FILE 035

人生の岐路
〜自分で決断した4年間

澤井貴昭

Sawai Takaaki

2015年 文学部
歴史文化学科卒

神戸市立
須磨翔風高等学校
教員

趣味・特技
読書、ランニング

好きな言葉（座右の銘）
志高腰低

学生時代に所属していたサークル等
体育会硬式野球部

1　何事にも全力で取り組んだ4年間

学生時代の思い出は部活、勉強、就職活動など日々の生活のすべてに全力で打ち込んだことです。特に、部活動が印象に残っています。体育会硬式野球部に所属していた私は、授業が終わり次第、毎日20〜21時ぐらいまで練習に打ち込む日々を過ごしました。大学野球は全国からレベルの高い選手が集まってくるため、その環境で野球ができたことは自分にとって良い経験となりました。レベルの高い選手と切磋琢磨し、コミュニケーションを積極的にとることで、自分の価値観が大きく変わりました。レギュラー選手にはなれませんでしたが、自分の役割を考えて行動する力、仲間との協調性が身についたと感じています。

勉強についても、地歴・公民の教員を目指す私にとって、東洋史、西洋史、民俗学、地理学など日々の授業は充実したものが多く、意欲的に学ぶことができました。卒業論文は「武士の戦闘形態」というタイトルで発表しました。自分の所属する歴史文化学科以外の授業でも面白そうな授業があれば積極的に出席していました。

体育会硬式野球部での練習のかたわら、登下校の時間も活用し、教員採用試験に必要な勉強を独学で始めました。高校時代に勉強が少し疎かになっていた反省と、将来、生徒に勉強を教える立場になるため、独学で勉強していく経験が必要と判断して行動に移しました。

大学3年生までで卒業単位はすべて取得できたので、大学4年生からは教員採用試験を目指す仲間とともに学校の図書館や教職教育センターの勉強ブースに通い詰めました。勉強に打ち込むだけでなく、仲間と教え合い、模擬授業を実施するなど、目標に向けて取り組んでいましたが、中でも教職教育センターの先生方による面接指導や個別指導は、実際に神戸市で管理職まで経験された先生などが直接指導してくださったこともあり、とても充実した時間でした。朝から夕方まで勉強に打ち込み、夜は硬式野球部の仲間や、教員を本気で目指す仲間と飲み会で熱い会話をしたりと、大学生活最後の年は本当に1日のすべてが充実していました。この時の仲間は現在、民間企業や中学・高校の教員として活躍しています。今でも交流があり、互いに切磋琢磨できる最高の仲間です。

大学時代最大の悩みは、教員を目指すか、民間企業へ就職をするかで悩んだことでした。教員になることは幼いころからの夢でしたが、いざ進路を決断する時が近づいてくると、教員として生徒のために尽くすことができるか不安に陥ることもありましたが、立ち止まることはしたくなかったので、就職活動と教育実習の両方に取り組むことを決めました。そして教育実習に参加し、初めて生徒と関わることで、自分が本気で教師を目指したいと確信することができました。今振り返っても学生時代は非常に忙しく、失敗も多くしましたし、悩んだことが多くありましたが、すべてのことを自ら考えて行動し、多くの人に支えられながら過ごしてきた学生生活だったと思います。

2　生徒がよき人生を歩むきっかけをつくりたい

私は現在、神戸市立須磨翔風高等学校で教員を務めています。初任校で7年目を迎えた現在までに担任や、キャリアセンター、指導部を経験させていただきました。

仕事を始めたきっかけは家族の影響が大きかったと思います。両親は野球用品の販売を行う自営業者でしたので休みはほとんどありませんでしたが、誰かのために働く両親の姿や、自分たちの好きなこと、したいことを仕事にしている姿を見て、自分もこのような社会人になりたいと思いました。また、4つ年上の兄の影響も大きいと思います。兄の大学受験と私の高校受験が重なった時期がありました。兄は浪人生でプレッシャーもあったと思いますが、勉強のわからない自分に対して嫌な顔を一切せずに勉強を教えてくれました。そんな兄を見て、将来は自分も「誰かのために」仕事がしたいと思いました。大学4年生の時に参加した中学校での教育実習では、教材研究や生徒対応などで睡眠時間もほとんどとれず、教員という仕事の厳しさを目の当たりにしました。しかし、最終日に生徒から感謝の色紙をもらった時の感激は今でも忘れることはできず、教師になりたいと確信した瞬間でした。

8年目に入った教員生活ですが、日々の環境の変化に苦労しています。これまでの一斉授業からアクティブラーニングを活用した授業づくりに対応するだけではなく、GIGAスクール構想によるタブレットを活用した授業運営の実施、コロナ禍での行事や部活動、教員の働き方改革など、その変化はさまざまです。

ある授業で、生徒の心を揺さぶる授業ができたと思っても、他のクラスで同じ授業を実施した際にはうまくいかないことも多く、毎日のように変化していく生徒たちの気持ちに対応していくことは大変だと感じています。しかし、日々の生徒との関わりや専門科目の教材研究にパワーポイント作成など、生徒のために全力で取り組むことができており、大変ではありますが充実した日々を過ごすことができていると感じています。

現在の部署は指導部の生徒会執行部担当で、最近では文化祭行事を担当しました。目標は、生徒会執行部を中心に生徒が自身で行事を企画、運営することで、生徒の「主体性」と「協調性」を育むことであり、1つのことを成し遂げた「成功体験」を通じて彼らの「自尊感情」を高めることです。実際に取り組んでみると、100人を超える教員や、840人の生徒、保護者、地域の方々の全体を生徒たちが中心になって動かすことの難しさを痛感していますが、それでも生徒が本気で悩みながらも教員やさまざまな人たちを巻き込み、1つのことを成し遂げていく機会を今後も作っていきたいと考えています。また、教師も生徒も共に成長していくものだと思っていますので、今後も、日々の授業、休み時間、部活動など生徒との関わりを大切にできる教員になりたいと考えています。

生徒の成長を身近に感じることができると同時に、生徒の人生に大きな影響を与えることができるこの教職という仕事に携わることができていることに、私は幸せを感じています。

3 自分の信念~変わらない価値観

大学で過ごした4年間、通学時間を活用した教員採用試験の勉強、日々の授業、部活動、アルバイト、同じ想いを持つ仲間との交流など、私はすべてのことを自分で考えて、後悔のないように毎日を全力で過ごしてきました。4年間という月日は私にとっては本当に一瞬でした。卒業旅行に誘われた時も、教員採用試験の勉強がしたくて断ったこともあります。周りに流されることなく「今、自分がしたいこと。今の自分に必要なこと」を考えて、自分の時間を最大限に活用してきました。

日々の生活をこのように自ら考えて行動できるようになったのは、高校時代の部活動での経験が大きいと思っています。自分に実力がなくて試合に負けてしまうことが多く、常にチームメイトに迷惑をかけていたと自覚していた私は、他の部員が練習しない朝や昼の時間を有効活用して練習に充てていました。

高校時代の経験を経て、本気で悩みながら学生時代を過ごしたことで、「人に迷惑をかけることが許せない」「そのために今の自分に何ができるのかを考えて行動する」という自分の中で一番大切な価値観を見つけることができました。この価値観は社会人として働き出した今でも変わることはなく、自分のすべての原動力になっています。

学生のみなさんには本気で打ち込めることを見つけてほしいと思います。また、すでに見つけている人はぜひ継続してください。

人は本気で何かをやろうとしたときはじめて大きな壁にぶち当たります。その壁をどのように乗り越えるのか、その時に自分の真価が問われます。自分で考える人、仲間と共同する人、時にはその壁から逃げてしまう人などさまざまな人がいると思います。しかし、失敗を恐れずに行動してください。諦めずに本気で取り組むことではじめて「自分に足りないもの」が見えてきます。本気で行動していない人にはそれが見えず、「言い訳」や「愚痴」をこぼしてしまいがちですが、自分のしたいことに向かって本気で悩みながら行動すると、その行動の裏側にある「自分が大切にしている考え方」が必ず見えてきます。私の場合は「人に迷惑をかけることが許せない」、逆に言うと「誰かのために行動して認められた時に人生で一番の喜びを感じる」という価値観です。みなさんにはぜひ本気で何かに取り組むことを通じて、自分の中で変わることない「自分らしさ」を見つけ、社会で活躍できる人になってほしいと思います。甲南大学を卒業された方々は、教職員はもちろん、さまざまな場所で活躍されています。みなさんの活躍に期待しています。一緒に頑張りましょう。

FILE 036

甲南大学での学びと現在の仕事について

長谷川愛

Hasegawa Megumi

2015年 マネジメント創造学部卒

全日本空輸株式会社勤務

趣味・特技

読書、テニス

好きな言葉（座右の銘）

選んだ道が一番いい道

1 アメリカへのアカデミック留学

学生時代の一番の思い出は、1年間のアメリカ留学です。この経験を通して得たものは一生の財産となっています。

留学を希望したのは、もともと英語を勉強することが好きだったことに加え、これまで家族や周囲の方々に甘えて過ごしてきた自分を脱し、異国の地でどのくらいやれるか挑戦したいと考えたからです。また語学だけではなく、経済・経営の専門科目を現地の学生とともに学ぶことのできるアカデミック留学を通して、英語をフルに活用しながら海外生活を過ごしてみたいと考えたからです。こうした目標を持って甲南大学に入学した後、まずは留学基準を達成することを短期的な目標とし、クラスメイトとともに猛勉強をしました。周囲の方々のサポートもあり、2年後期から3年前期までの約1年間のニューヨーク州立大学バッファロー校への留学が決定しました。

留学中は楽しいこともありましたが、大変なこともたくさんありました。特に留学当初に履修した経営学の授業では、中国人３人、アメリカ人１人と「新商品・サービスの提案」について考え、学期末にクラスで発表を行うというグループワークがありました。最初は語学力の差からチームにおける役割がわからず、ただ座っているだけという状況が続きました。しかし、自分もチームの一員として役割を果たしたいと強く感じ、「自分にできること」を見極めて行動しました。相互理解に至るまで、相手の意見をよく聞き、わからない点は恥をいとわず確認し、自分の考えを伝えることに努めました。また地道な作業であるデータ収集やレポート作成も率先してやり遂げました。結果的にメンバーの一員としての役割を果たすことができ、最後には「一緒のチームでよかった」という言葉をもらいました。

異国の地での生活は想像以上に大変なことも多かったですが、時間が経つにつれて、現地の友達が増え仲も深まり、クラスメイトからも信頼されるようになりました。また、毎日授業が終わった後に図書館で夜遅くまで勉強し努力した甲斐もあって、良い成績を収めることができました。これらすべての経験が今でも一生の財産となり、自分自身の自信にも繋がっています。

このような素晴らしい経験をさせてくれた家族、サポートしてくれた先生方、たくさんのアドバイスをくれた先輩、そして励まし合い切磋琢磨しながら大学生活を過ごしたクラスメイトにこの場をお借りして感謝申し上げます。

2 仕事をするうえで大切にしていること

幼いころから飛行機や空港という非日常的な空間に興味と憧れを持っていた私が、将来の仕事として航空業界を意識するきっかけとなったのは、アメリカに留学し、日本への一時帰国で全日空NH11便シカゴ発成田行きに搭乗した時のことでした。留学中は異国の地での生活に日々気を張り、奮闘しながら過ごしていたからか、機内に入った瞬間に日本を感じ、とても安心した気持ちになったことを今でも鮮明に覚えています。その安心感とは、機内の清潔さ、時間の正確さ、乗務員の方々の礼儀正しさ、そして丁寧であたたかみを感じるサービスからくるものでした。12時間以上のフライトでしたが、機内という空間がこんなにも特別な空間になることをその時実感しました。

就職活動中は世の中にある「仕事」を知る良い機会だと考え、さまざまな業界の企業研究をし、実際に第一線で活躍されている社会人の先輩方へお話を伺い、自分のキャリアライフについて真剣に考えました。その結果、やはり航空業界で日本の航空会社の素晴らしさを世界に届けたいと強く思い、第一志望としました。そして就職活動の結果、現在の会社で客室乗務員として働くことになりました。

今の仕事をするうえで大切にしていることが２つあります。

１つ目はチームワークです。一機の飛行機を安全に飛ばすためには、さまざまな部門間の連携が必要です。私が客室乗務員としてお客様の前に立つことができるのは、乗務を共にするフライトクルーだけでなく、さまざまな部署で働く仲間の努力や連携があるからです。そのため、常日頃から他部署の方々と積極的にコミュニケーションを取り業務を円滑に進めること、そしてフライトクルーや他部署の方々への感謝の気持ちを持ち、常に相手のことを考えた行動を取ることを心がけて仕事に取り組んでいます。２つ目は「小さいことほど丁寧に、当たり前のことほど真剣に」という言葉です。基本的なことや当たり前のことを丁寧に、真剣に、確実に行うことが、お客様に「安全」で「あんしん」を感じていただけるフライトに繋がると確信しており、いつもこの言葉を心に留めて乗務に臨んでいます。日々の保安業務を行ううえで、自身の業務の慣れによる慢心が大きな事故を招いてしまうかもしれないという緊張感や責任感を常に持ち、１つひとつの業務を丁寧に確実に行うことで、安全運航を遵守しています。

私は現在入社８年目となり、国内線の責任者であるチーフパーサーを担うこともあり、今後は国際線のチーフパーサー資格取得に向け日々精進しております。これからも初心を忘れず、お客様に「安全」と「あんしん」を感じていただける特別な空間を提供していきたいと考えています。

3 在学中に学んだこと

甲南大学で履修していた科目では、少人数でチームを組み、意見を出し合いながら設定した課題に対して調査・研究・報告・プレゼンテーションを行うグループワークが多くありました。チームメンバーは毎回異なり、時には学年を超えて先輩や後輩と組むこともありました。さまざまなチームメンバーとのグループワークでは意見が衝突することや、時間をかけて意見を出し合ってもなかなか方向性が定まらないこともありました。このような環境下で意識していたのは、その時々のメンバーや状況に応じて、自身がどのような役割を担い、メンバーの一員として行動することが、全体として最適かを臨機応変に考え、対応するということでした。その結果、グループワークではチームの意見を拾い上げどのように進めていくのか意思決定を行うリーダーのような役割を担うこともあれば、1メンバーとして自身の意見を発信しつつも情報収集やデータ分析に注力することもありました。この経験を通し、全体の中での自身の役割を考え行動すること、そして正しく役割を判断するために自身の意見を伝えるだけではなく、周りの意見や考えにしっかりと耳を傾け向き合うことの大切さを学びました。

そしてもう1つ在学中に学んだことは、何事にも真剣に向き合い挑戦することの大切さです。高校時までの授業スタイルでは、自身の意見や考えを発信することや大勢のクラスメイトの前で発表をする機会がほとんどなかったため、入学当初はディスカッションやプレゼンテーションをすることに慣れず、難しさを感じることもありました。しかし、何事も自分が成長できる機会になると前向きに捉え挑戦することで、苦手意識があったことでも時にその魅力ややりがいを感じる瞬間があったり、思いがけない気づきを得ることができました。これは挑戦しなければ知り得なかったことで、今ではすべて良い経験になったと感じています。

改めて大学で過ごした4年間を振り返ると、長いようで短く、いつも全力疾走で日々を過ごしていたことを思い出します。視野を広く持ち何事にも諦めずに挑戦すること、そして、これだけは努力してやり遂げたと言えることを１つでもやっておくと、そこで得た経験は今後の人生の財産や自分の自信に繋がります。

最後になりましたが、皆さまの学生生活が充実し、学びの多い日々になることを心から願っております。

FILE 037

甲南大学での経験と出会いに感謝!!!

鬼武克津雄
Onitake Kazuo

2016年 法学部卒

第一三共株式会社
勤務

趣味・特技
旅行、温泉、草野球

好きな言葉（座右の銘）
プラス思考

1 グローバルへのこだわりが強くなった学生時代

私が甲南大学に入学したのは2012年。あの阪急岡本駅からの通学路が今でもお気に入りです。高校の時までずっと野球に専念していたので、入学式を迎える日までキャンパスライフを楽しみにしていたことが今でも思い出に残っています。

大学在学中にとにかく日本から出て、海外に行きたい。そんな漠然としながらも譲れない目標を立てた私は、まずはアルバイトでお金を貯めなければと考え、大阪茶屋町の飲食店、大阪駅近辺のスポーツジムや阪急百貨店でのアルバイトをかけ持ちしながら大学での学業とアルバイトで忙しい日々を過ごしました。その甲斐もあって大学2年生の時にはフィリピンへの短期語学留学を、大学3年生のころにイギリス留学を実現させることができました。アルバイトで必死に留学資金を集めたのは良い思い出ですし、自分で稼いだお金で留学を実現させることができたのは、自分にとって大きな成功体験でした。イギリスでは、甲南大学の留学提携先の

1つでもあるリーズ大学に留学しました。現地のホストファミリーには、他国からも私のような留学生がいたので異国文化を肌で感じることができ、野球しか知らなかった私の価値観が大きく変化したことは大切な財産となっています。

実は甲南大学入学後は硬式野球部にも入部し、1年生で4番を打たせていただいたりもしていました。ですが、「英語を学びたい、海外に留学したい」という気持ちが強かったため、硬式野球部を半年間で退部しました。まさに苦渋の決断ではありましたが、この決断に後悔はありませんし、むしろ子どものころボーイズリーグという中学硬式野球チーム（現大阪東ボーイズ）で野球の楽しさを学び、甲南大学1年生まで野球を続けることができたことには感謝しています。野球で培った経験は社会人になった今でもさまざまな場面で原動力になっています。このように学生時代には多くの選択肢の中から自分で選択していく場面が出てくると思いますが、ぜひ子どものころから続けていること、あるいは大学生から始めたことに対しては真剣に向き合い、納得のいくまで続けてほしいと思います。それがいずれは大きな財産となり、自分自身を頑張らせるパワーになるはずです。

さて、学生時代の思い出に戻りますが、私は甲南大学で1人の女性とお付き合いをしておりました。相手はもちろん甲南大学の同級生です。彼女とは在学中に国内、海外旅行にも行きました。学生でしたので、いかに格安のプランで旅行できるかということを重要視していましたし、ヨーロッパへ行くのにも直行便でかかる時間の3倍以上の時間をかけて行っていましたので、今では考えられない安さだったと思います。こうした経験は、時間に制約のある社会人の今ではなかなかできない、時間のある学生ならではのものですし、大切な思い出として心に刻まれています。甲南大学からお付き合いしていた彼女は今の妻となり、私は甲南大学での出会いに感謝しております。

2　医療の世界と向き合う日々

甲南大学を2016年に卒業した後、製薬企業の第一三共株式会社に入社しました。薬学部出身でもなく文系で野球部そして海外志向が高いのになぜ製薬企業？　と思われた方もいるかもしれません。

皆さんも今後就職活動をすると多種多様な企業との出会いがあるでしょう。魅力的に感じる企業もあれば、思っていたのと違うなと思う企業も出てくると思います。私の場合も製薬業界をはじめ、商社や他のメーカーなど多くの業界に興味を持ちながら就職活動をしていました。学部学科など関係なく、多くの業界にチャレンジできるのも新卒ならではの特権です。私は興味のある業界の会社にたまたま入社できたのです。

とはいえ、薬学部出身でも理系でもない自分にとって、入社してからの半年間は特に苦戦の連続でした。入社直後、神奈川県の葉山という地で新入社員導入研修が約半年間あったのですが、薬学部出身の同期とは知識の量に雲泥の差があり、医薬品関連の勉強には非常にてこずりました。会社の同期には非常に助けられながら、研修を終えた時、出来はそう良くはない方でしたが、非常に有意義な時間だったなと今振り返ってそう感じています。

現在は日本事業ユニット営業本部という部署に所属し、病院などの医療機関を日々訪問しております。その地域における医療連携支援や、自社医薬品を安全に使用していただくために医薬品の安全性や有効性といった情報をプレゼンテーションという形で、医師、薬剤師などに提供しております。また、各エリアにおける課題（例えば骨粗鬆症治療が進んでいない等）に対して、疾患啓発活動として講演会を企画し、それをさまざまな医師に参加、聴講いただいたりしています。このような講演会を開催することが治療介入のきっかけとなり、結果的に地域の高齢者の健康寿命延伸に繋がることもあります。第一三共には循環器、整形、糖尿病、ガン領域など取り扱う医薬品の種類や数も多いので、それが非常にやりがいに繋がっております。

「世界中の人々の健康で豊かな生活に貢献し、革新的医薬品を継続的に創出し、多様な医療ニーズに応える医薬品を提供する」これが、第一三共の企業理念となっています。一社員としてこの理念を大切にし、担当するエリアの人々の健康な生活に少しでも役立てれば、と思い日々業務に邁進しております。世界中と聞くとスケールが大きいな、とは思いますが、私もいずれはより世界中の人々に関わる部署で仕事ができるよう、常に準備していますし、こうした考えの根底には甲南大学時代に得た留学経験なども大きく影響しています。

社会人になった今も目標を持ち続けたいと思います。

3 かけがえのない甲南時代を

大学生という限られた時間をどう過ごすか、という点について２つのメッセージを送らせていただきます。

まず、１つ目は思い出を数多く作っておくべきだということです。夢がある人はそれに突き進むと思いますが、やりたいことが見つからない人は悩むこともあるはずですし、具体的に決められない学生さんも多いのではないでしょうか。それはそれで当たり前だと思います。でも、実際に想像してみてください。学生時代にしかできないことは山ほどあると思うのです。サークル活動、部活動、アルバイト、ボランティア、学生旅行、長期休暇に一人旅、これら以外にも数多くあると思います。今まで経験したことがないことに挑戦し、今まで行ったことのない場所に出かけてみることで、まさかの発見や、新しい自分に気づくきっかけになるかもしれません。甲南大学を卒業して社会人になった後は、ほとんどの方がそれぞれ仕事をすることになると思います。その時に、あれをしておけばよかったと後悔のないように今を過ごすことが大切です。

２つ目は、将来を見据えて学習し続ける環境を自ら作り上げてください、ということです。今は、大学の授業を受けて、テストやレポート提出を通じて単位を取得されているかと思いますが、社会人になってからも学習する機会は多くあります。学ぶ習慣を継続的に持ち続け、学習し続けることは今後の人生においても大いに役立ちます。今後、社会はさらにグローバルな方向へ進展していくでしょうし、日本の企業も今まで以上に世界を視野にビジネスをしていくと思います。何を勉強したらいいか迷っている人がいれば、英語、中国語、スペイン語などの語学を学習しておくのはいかがでしょうか？英語を身につけておくことで皆さんの将来の幅が広がると思いますし、大げさかもしれませんが、人生がより豊かになるかもしれません。1日5分英語を勉強するだけでも、10年後何もしていない人と比べると大きく差が開き、勉強しておいてよかったと思える瞬間は必ず訪れると思います。私はそう信じ、社会人になった今も英語学習は継続し、定期的にTOIECなどを受験してレベルを把握するなどしています。

ぜひ、かけがえのない大学時代を楽しんでください。

出会いは成長の種

上西伶奈
Uenishi Reina

2016年 マネジメント創造学部卒

株式会社ダイネンヒューマンplus勤務

趣味・特技
家事全般、お酒

好きな言葉（座右の銘）
日々感謝、一期一会

1 素直に。等身大に。

2012年春、桜満開、希望いっぱいで胸を膨らませ、私は甲南大学西宮キャンパス、「CUBE」に入学しました。それまでの学校生活とは異なり、大学では国内さまざまな地域から集まってくるたくさんの人との出会いがあると思うと、大学への憧れは大変強いものでした。2012年、それはCUBE創設後、初めて4学年すべてが揃った年でした。私が甲南大学に入学したきっかけは、当時通っていた塾で熱心に指導してくださった重安先生のご出身だったからです。「こんなに素敵な先生が通っていた甲南大学に私も行ってみたい」そう思い、高校1年生くらいから、漠然と甲南大学を意識していたことをよく覚えています。

入学後は思っていた通り、各地域のさまざまな友達ができ、楽しい日々を送りました。その中でも最も貴重な経験といえば、2回生の夏から3回生の夏まで1年間務めた「第46代姫路お城の女王」という姫路市の観光大使としての経験です。書類選考、面接数回にわたる選考プロセスの末、とても光栄なことに任命いただきました。運良く内定をいただいた私は、初めは自分を過信し、少し天狗になっていた部分があったかもしれません。そんな矢先、研修期間中にマナー講師の先生からいただいた言葉が、今も胸に残っています。「いいですか皆さん。決して自分が偉いわけではありませんよ。“お城の女王”という肩書が偉いだけであって、それはあなたの力ではないのです。あなたたちにできることは、この歴史ある肩書にふさわしい行いと振る舞いで、姫路市に貢献することです。」この言葉で、ハッとした私は、まさに「肝に銘じる」という感覚でした。

当時、「お城の女王」として8月にデビューするまでのスケジュールは多忙を極めました。初夏頃から平日はみっちりとマナー研修や地域学習、表敬訪問などの予定が組まれ、大学生活も単位取得の危うさを感じるほどでした。しかし、講師の方のお言葉を常に思い出し、自分のそのとき全うすべき任務に全力で取り組みました。また、大学の先生方にも大変後押ししていただきました。そうした多くの方々のおかげで、西は九州から東は関東までたくさんの都市を訪問し、普通ではなかなか会えないような素晴らしい方々とも出会い、成長することができました。感謝してもしきれない出来事、一期一会のありがたみを知り、これからの私の人生にとって、一生の宝物となる思い出となりました。“お城の女王”の1年間の任期を3回生の夏に終えた私をすぐさま待ち受けていたのは、就職活動でした。

2　自分軸は十人十色

私は現在、兵庫県播磨地域に特化した人材会社に勤めています。就職サイト「はりまっち」というサイト媒体で、学生の就職活動や、地元企業の採用活動のサポートをしています。

私は2016年卒で、この年は新卒採用が初めて3月1日解禁になった年でした。就活スケジュールが変化したことで、先生方や先輩方も予測不可能な中、私が真っ先に志望したのは、観光大使を経験したという理由からの観光業界でした。しかし、就職活動の軸はまだまだしっかりとしておらず、「それが本当にしたいことなのか」を自問自答してみても、いまいちピンときてはいませんでした。このように悩みながら始めた就職活動ではありましたが、最終的に自分で一番納得したのは「何がしたいか」よりも「生まれ育った姫路市に貢献したい」ということで、地元就職を軸に就職活動を行った結果、現在の会社に入社することができました。グループ採用を行うダイネンは多角的企業であり、どの事業部に配属されるかは人事次第。そこで人事の方々による目利きで、現在の人材事業への配属となり、現在に至るまで私の“キャリア”となっています。

私は５年間の営業経験の後、現在キャリアアドバイザーとして、人材紹介エージェントに従事しています。主に転職希望者に対して、転職成功までのさまざまなサポートを行う業務です。ここでは、キャリアカウンセリングを行った後、求人情報の提供や職務経歴書・履歴書の添削、模擬面接や企業との面接セッティング、入社日や給与条件などの交渉、在籍企業の退職交渉アドバイスなど、転職に関するあらゆることをサポートします。

キャリアカウンセリングを希望される方は、現状に何らかの課題を抱えていらっしゃることが多く、背景や環境も違えば、意思や価値観も異なる、そんな方々と１人ひとり面談していきます。面談では、私は“答え”を決める権利はありません。あくまでも聞き役になりながら、個々の道を一緒に探し考え、気づきを与え、時には背中を押し、不足の情報は補ってあげるのです。進路選択というものには“正解”がありません。ですので、クライアントに寄り添いながら、各々が持つ可能性を引き出せるよう努めていく、これがキャリアカウンセリングの本質なのです。クライアントが面談での対話の先に“自ら進む道”を見つけたとき、それぞれが自分に合った解決の方向に歩み出します。そんな姿を見たとき、私も一緒にたまらなく嬉しくなるのです。

キャリアも人も、十人十色。転職という人生の大きな分岐点に立ったときに、求職者をサポートさせていただけることは、何にも代えがたい大きなやりがいとなっています。

3　ご縁から生まれた、私の“道（キャリア）”

皆さんが今後どのような道を歩むか、もちろん人それぞれに個々の道があります。

私から伝えたいことは2つです。1つ目は、甲南大学は就職活動のサポートが実に充実しているということ。この職業に就いてひしひしと感じることです。私が学生のときは、キャリアコンサルタントの方をCUBEにお招きいただき、必ず全3回生と個別面談の機会を設けてくださいました。そこでできた自己分析が今も私のキャリアにも活きています。そんな私が、今はキャリアに関わる仕事をしています。何だか不思議な気持ちですが、だからこそ学生の皆さんには、来たる就職活動の際にはキャリアセンターの先生方を信頼し、頼ってみてください。進路選択は、あくまで“自分で決める”が基本ですが、気づきやヒントを得るためにも、ぜひ先生方のお知恵をお借りしましょう。また、ありがたいことにこうした職業柄、母校甲南大学とのご縁も続いています。中山一郎先生が担当するキャリアデザインの授業でゲストスピーカーとしてお招きいただいたり、学内合同説明会に参加させていただいたりと現在も大変お世話になっています。心より感謝申し上げます。こんなにも熱心に、親身になってくださる学生想いの大学を卒業できたことを、本当に誇りに思います。

2つ目は“ご縁”を大切にしてほしいということです。コロナ禍で活動範囲が狭くなってしまっても、特別な経験ができなくても、今いる周囲の方々との“ご縁”を大切にすることは、誰にも可能です。私の場合、甲南大学への進学を考えるきっかけとなった重安先生、天狗になっていた私を諭してくれたマナー講師の先生、地元の学校の友人や恩師、アルバイト先で知り合った人々、大学で「人間力」を教えてくれた中山先生をはじめとする教授の方々、観光大使を応援してくれたキャリアセンターの先生、姫路甲南会の先輩方、職場の仲間、慕ってくださるお客様、そして家族。本当にさまざまなご縁に恵まれたと感じています。

これまで、私は“自分で”道を切り開いてきたつもりでいました。しかし振り返ってみると、決して“1人で”切り開くことができたわけではありません。転びそうになったとき支えてくれる仲間、叱ってくれる仲間がいることがこんなにも幸せであるということを、30歳目前となりじわじわと実感しています。皆さんにもそういった方が身近にいるはず。ぜひとも大切にしていただきたいです。出会いが私を成長させ、今の“道（キャリア）”があるのだと感じます。皆さんにとって、かけがえのない大学生活となることを心よりお祈りしております。

FILE 039

自分の土台を作ってくれた甲南

中井大樹
Nakai Hiroki

2016年 フロンティア
サイエンス学部
生命化学科卒

株式会社
エスアールエル
勤務

趣味・特技
旅行、スノーボード、
写真撮影

好きな言葉（座右の銘）
知・覚・動・考

学生時代に所属していたサークル等
甲南平生塾

1 研究に没頭した学生最後の1年

学生生活最後の1年となる2015年3月、当時フロンティアサイエンス学部の研究室で卒業研究が本格的にスタートしました。当時3月から就職活動が解禁となり、私にとって卒業研究と就職活動とさまざまなプレッシャーがかかる年でもありました。そのような状況でしたが、私は学生最後の1年を後悔のない年にしようと決意しました。大学卒業研究では遺伝子（DNA）の性質を調べる研究を選択しました。初めて使用するさまざまな薬品や器具、分析機器などに実際に触れたりと、研究が始まったころは新鮮で興奮することが多くありました。

しかし、遺伝子は顕微鏡を使っても見ることのできない非常に小さな物質です。研究を進めていくにつれ、遺伝子の性質を調べるのは非常に難しく根気のいることなのだと感じるようになりました。また、この1年の間には学会で発表する機会が2回ありました。1回はポスターを使った発表、もう1つは実際に登壇してプレゼンテーションを行うものでした。学会発表の日が近づくにつれ、普段の研究をこなしつつ発表資料も作らなければならず、その時は夜遅くまで作業したりと非常に大変でした。何度も何度もプレゼンテーション資料を作り直し、やっとの思いで研究室の先生に確認してもらってもOKが出ない。今考えれば当然ですが、当時はゴールが見えず手探りの状態で作業しているような感覚でした。しかし、学会発表は経験してよかったと感じています。大変ではありましたが、プレゼンテーションやポスターを繰り返し試行錯誤しながら作成したという経験は、社会で同様に発表する時には大きく役に立ちました。社会人になってからも一度学会に参加したことがありますが、学生時代に経験したことが参加後の職場発表で大きく役立ちました。

私は大学を卒業したら就職することを決めており、卒業研究が始まったと同時に就職活動もスタートしました。実際に内定をいただくまで半年かかっており、その間卒業研究を行いながらの就職活動は非常に大変でした。しかし卒業研究を進めていくにつれ、「自分は卒業研究で学んだことを活かした仕事をしたい。」と考えるようになり、それが私の企業選びのきっかけになりました。

大学の卒業研究は、普段の研究だけでなく学会発表のための準備や就職活動など、いろいろと大変なことがありました。しかし、そのような経験は今後の社会で生きていくうえで非常に役に立つスキルになりました。社会では、学生の時にした経験が大きく活きることがよくあります。それは、私のような卒業研究はもちろん、クラブ・サークル活動、しかも一見役に立たないと思っていた小さなことにも当てはまります。

2 医療を支える縁の下の力持ち

私は現在、臨床検査の検査員として病院や研究施設から依頼のあった検体検査に従事しています。多くの人にとってイメージしにくいかもしれませんが、簡潔に言えば血液検査や遺伝子検査を実際に行う仕事と思っていただければ大丈夫です。

私がこの仕事をしようと思ったきっかけは、大学で学んだことを活かせるような仕事をしたいと考えたためです。私が行ってきた卒業研究では、さまざまな分析装置を用いて研究を進めていました。それに加え、人の助けになるような仕事に就きたいという思いも持っておりました。そうした両者の希望が一致する仕事だと考え、現在の臨床検査の仕事を選びました。

これまで私は、病院から依頼のあった検査を始め、新薬の臨床試験に関わる検査や研究施設からの検査などにも取り組むことができました。入社当時は、さまざまな検査業務に携わるとは考えていたものの、その当時には知らなかった検査業務にもあたることができました。

臨床検査の仕事は、医師の診断や治療と同等の責任がかかる一方、それが大きなやりがいを感じることが多々あります。なぜなら、臨床検査で得られた結果がダイレクトに診断や治療に直結するからです。つまり、検査で誤りが生じるとそれをもとに誤った医療行為が行われてしまい、患者さんの命に関わる場合もあります。その一方で、病院関係者と電話で会話する機会も多く、お礼の言葉をいただくこともあります。そうした言葉は、同じ医療関係者としても大きくやりがいを感じることができます。

臨床検査の仕事は、医師や看護師と同じくらいのありがいのある仕事です。医療というと医師・看護師というイメージが強いですが、臨床検査という業界は場合によって「臨床検査技師」という国家資格も必要になるほど専門性の高い分野です。昨今では新型コロナウイルスが蔓延したこともあり、臨床検査現場でもコロナPCR検査が多く実施され、しばらくこの状況が続くと考えられています。また、高齢化も進んでおり医療の必要性がさらに高まると思われます。夜勤の仕事もあるなど大変で責任ある仕事ですが、その分大きなやりがいを感じることができる仕事だと思っています。

3　やらずに後悔より、やってみて後悔！

これまでの人生において、私が心がけてきたことが１つあります。それは、「とにかく行動すること」です。私の好きな言葉に「知・覚・動・考」という言葉があります。もともとこれは仏教や禅の言葉で、文字通り「知って、覚えて、動いて、考える」と意味です。しかし、この言葉は別の読み方もあります。それは、「知・覚・動・考（ともかく動こう）」です。つまり、どれだけ知識を持っていても記憶力があり考え抜いても、最終的には行動がものを言う、ということです。

社会では、チャンスは自ら行動して手に入れなければなりません。受け身の構えでチャンスがやってくることは決してありません。学生の皆さんは、今のうちにやってみたいこと・興味あることには積極的にチャレンジしておくべきだと思います。それは規模の大小にかかわらず、何でも構いません。１人で海外を旅してみたり、資格を取ってみたりなど、今しかできないようなことをする。私のようにスノーボードや写真撮影など、自身の趣味に没頭するといったことでもいいです。特に学生の時は、自分が好きに使える時間というものがたくさんあります。しかし、それは限りある時間でもあります。今は時間があると思っていても、時間というのは過ぎてしまうと二度と戻ってきません。私の経験上、後でやればいいと一度思ってしまうと、その後は行動せずに後悔してしまうことが多々ありました。ですので、私はチャンスだと思ったらすぐに行動するように心がけています。皆さんも、チャンスだと感じたら後回しにせずにすぐに行動に移せるような人物になってほしいと思っています。

また、社会においては「経験」も大きな武器になります。特に、自分がこれまで何かを行う過程で直接感じたことや考えたことというのは、その後のキャリアに大きな影響を与えます。これは仕事だけでなく、生活や趣味などプライベートにおいても同じです。例えば、３年前に仕事の合間を縫ってタイに旅行する機会がありました。旅行に行く前は、「タイといえば仏教の国で寺院にたくさんの仏像がある」といったイメージでした。実際にタイでは多くの寺院があり仏像が並び多くの人に信仰されていました。その一方で、首都バンコクの中心街では多くのビルが立ち並び、地下鉄が走り、多くの車が通るなど、行く前と行った後のそれぞれのタイの印象に大きな違いがあったことに衝撃を受けました。そしてそれが、今後の私の考え方の変化にも繋がりました。私は、そのような「経験」も社会で生きていくうえでは大切なことだと考えています。

多くの人は何か新しいことに挑戦する時に躊躇してしまいがちですが、私はやってみて得することはあっても損することはないと思っています。もちろんそのような経験がいつ人生において活きてくるのはわかりません。5年後だったり10年後だったり、あるいは無駄になるかもしれません。しかし、やらずに後悔するよりは、後々実際に行動しておいてよかったと思える方がいいですよね。皆さんも、学生のうちにそうした行動する力をつけて、社会で活躍できるように頑張ってください。

人生の原点である甲南大学

田代 歩
Tashiro Ayumi

2017年 経済学部卒

札幌学院大学
経済経営学部経済学科
講師

趣味・特技
読書、運動

好きな言葉（座右の銘）
読書百遍意自ずから通ず

学生時代に所属していたサークル等
体育会男子バスケットボール部

1 ゼミでの活動

私は2回生から4回生まで、経済学部の専門ゼミに1期生として所属していました。学生が主体となって目標を立て、活動することを目指すゼミでした。私は内気な性格でゼミに馴染むまでに時間がかかりましたが、一所懸命に活動をする中でゼミ生とも仲良くなり、また多くのことを学ぶことができました。

3回生の時に、インナーゼミナール大会（インゼミ）という各ゼミが集まって研究内容を報告する大会に参加したのですが、本格的に取り組み、グループでたくさん議論しながら準備を進めました。関連する文献を渉猟し、公的な機関が公表している人口の統計データを見たときには意味が全然わからず、手探りで調べてデータの整理や処理をするなど苦労しました。資料の準備においても、視覚的に見やすくするために、図や表を活用してわかりやすい資料が作成できるように努力しました。報告当日では、人前で報告することに緊張しましたが、無事に報告できたときには大きな達成感がありました。

また、ゼミのメンバーで食事にも行き、楽しい時間を過ごした思い出もあります。

4回生で大学院に進学することを目指して、夏休みから本格的に入試勉強を始めました。周囲のゼミ生は就職活動で内定をもらっている人もいて、少し不安な部分もありましたが、自分が決めた道に進みたいと思い、大学院の過去問や教科書の勉強をして、解き方や考え方を学ぶように努めました。授業を受けていた先生には過去問のご指導をしていただき、ゼミの先生には、研究計画書の作成や面接の内容についてアドバイスをしていただきました。その結果、試験当日では、自信を持って受験することができ、無事に合格することができました。今まで、何回も受験を受けてきましたが、この大学院の受験に合格した時が一番嬉しかったです。また、ゼミでは、就職活動の体験を3回生に話す機会があり、私は大学院の受験について経験したことを報告しました。

ゼミで経験したグループワーク、資料の作成、ゼミ生との活動は私の今の生活に直結して活かされています。当時のゼミの先生には今でもお世話になっており、かつて学生として所属していた私が、ゼミや授業でお世話になった先生方と同じ世界で仕事をしていることは、当時ではもちろん想像もつきませんでしたし、今でも不思議な感覚があります。私は現在勤めている大学でゼミを担当しており、私が甲南大学のゼミで学んだことを今の学生にも伝えられるように頑張っていきたいと思っています。

2 「経済学」との出会い

経済学部2回生のときに受講した「中級ミクロ経済学」と「中級マクロ経済学」という科目が、今の仕事を目指すきっかけとなりました。この2つの科目は経済学を理解するうえで重要ですが、授業を受けただけでは簡単に理解できず、たくさんの復習をした思い出があります。当時の授業のレジュメは今でも持っています。これらの科目を修得できたときには、経済学を学ぶ楽しさを実感できたと同時に、自分が取り組んできた姿勢や努力が実ったことに対して、大きな自信を持つことができました。そして、今度は自分が経験した「経済学を学ぶことの楽しさや意義」を多くの方に伝えたいという思いから、大学4回生の時に大学教員を目指すことを決心しました。

現在は、札幌学院大学で財政学を専門とする教員として働いています。大学教員の主な仕事は、授業などを行う「教育」、論文執筆や学会発表などを行う「研究」、そして「大学運営の業務」です。まだ大学に着任して1年目なので、多くのことを学びながら仕事をしています。授業では、レジュメの作成にたくさんの時間がかかり、どのようにすれば学生にわかりやすく伝えることができるか悩みながら準備しています。特に、授業を通して、自分が理解することと、他人に伝えられることはまったく違うことだということを感じています。授業の準備では苦労することもありますが、課題や定期試験を通して、自分が最も伝えたい内容を学生が理解してくれた時には喜びを感じます。

研究では、海外の学術誌に掲載することを目指して、財政学の論文を執筆しています。研究には正解や不正解がありません。論文でオリジナルなストーリーを組み立て、社会で問われている問題に自らの視点でチャレンジできる点が研究の醍醐味であると思って取り組んでいます。私が執筆した論文が初めて学術誌に掲載された時の喜びは今でも鮮明に覚えています。

大学業務の運営では、学生の修学状況の確認などを行っています。もちろん、学生それぞれの悩みや相談内容は異なります。私は学生と近い年代であるので、自分の学生生活の経験も踏まえて、なるべく学生の立場になって、相談やアドバイスをするように心がけています。

今の私の仕事は、甲南大学で経済学に出会ったことが原点となっています。そして、大学教員という仕事を通して、私が甲南大学で学んだことや経験したことを学生に伝え、社会に還元できることに最も仕事のやりがいを感じています。これからも、学生の皆さんが将来社会で活躍することに貢献できるように、仕事に励みたいと思っています。

3 皆さんへのメッセージ

私は甲南大学での学生生活を通して、継続することの大切さを学びました。私は何か恵まれた才能があるわけではありません。しかし、自分が続けられそうなことを見つけ、それに向かって地道に継続して取り組むことには自信がありました。私の場合、甲南大学で経済学に出会い、今の仕事を目指して、地道に取り組んできました。私は今の仕事に就くまでに、勉強や研究でたくさん苦労し、途中で断念しようと思ったこともありました。しかし、まだ自分には続けられる力があるのにそれに気づいていないかもしれない、今あきらめて別の道に進んだとしても、あの時もう少し頑張って続けられていたらと後悔するかもしれないと思い、粘り強く取り組みました。私が今の仕事に就くことができたのは、自分が最初に抱いた思いを貫き、最後まで取り組み続けることができたからだと思っています。また、大学院に進学し就職するまでの過程を通じて、私はたくさんの方に後押ししてもらい、その思いは必ず誰かが支えてくれているということも実感しました。

皆さんが継続して取り組むことができることは何でしょうか。ぜひ、何か自分の得意なことや長所を活かして続けられそうなことを見つけてください。社会に出ると、なかなか取り組む時間を見つけられません。ぜひ大学生活で挑戦してほしいと思います。私は経済学というツールを通して続けることの大切さや努力を学びました。皆さんの強みは何でしょうか。読書、運動、語学、コミュニケーション、料理、音楽など、何か続けられそうなことを見つけ、それを通して継続することの自信や達成感をぜひ経験してください。継続や努力が必ず結果として表れるとは限りませんが、「継続できたという事実」は皆さんの自信になるはずです。継続する力やその自信は、皆さんが社会で活動する中で必ず活かされる場面があります。また、続けるからこそ、自分には向いていないことや合っていないことにも気づき、別の道を見つけることができるでしょう。

夢や目標に向かって努力する皆さんを、甲南大学はさまざまな形でサポートしてくれます。何か１つ続けられることがあると、そこからまた新しいことにチャレンジすることもできます。また、あきらめそうになったりつまずきそうになったりする時には、身近な人に相談してください。皆さんの気づかないところで多くの方が支えてくれています。甲南大学もその１つです。今の私の人生の原点も甲南大学にあります。ぜひ、甲南大学での学生生活を活かして、皆さんのそれぞれの夢や目標に向かって歩んでください。

大学生活と今の私

樟 脩登
Tabunoki Shuto

2018年 経済学部卒

株式会社大林組
勤務

趣味・特技
ラジオ、サウナ、
バスケット、スキー

好きな言葉（座右の銘）
創造を成しえるのは、
他の人よりも多くの
経験をしたか、
あるいはより多く
自らの経験について
考えたから。

学生時代に所属していたサークル等
体育会男子バスケット
ボール部

1 出会いに感謝

2014年4月、大学進学とともに神戸での一人暮らしをスタートしました。関西圏出身の学生が多い甲南大学の中で、長野県出身の私は珍しい存在でした。大学時代の4年間は体育会バスケットボール部での活動が中心でした。高校時代に不完全燃焼のまま引退を迎えてしまったこともあり、バスケットボール部への入部は入学前から決めていました。ですが、スター選手の集まる大学の部活動では、技術や運動能力に優れた選手がレギュラーの座をかけてしのぎを削っていたこともあり、私は4年間公式戦のコートに立つことはできませんでした。自分の選手としての能力の限界に悔しさを感じた大学バスケットでしたが、この部活動を通じた数多くの出会いは、今の私に強く影響を与えていると感じています。

その出会いの中の1人に、とあるOBの方がいます。その方は、甲南大学体育会バスケットボール部創設メンバーの1人で、私が部に在籍しているときは体育会バスケットボール部の名誉会長をされていて、練習や公式試合の場にいらっしゃった際には部員を集めていろいろな話をしてくださりました。大学３回生のあたりからでしょうか。その方が大学にお越しになった際に、私を個人的に呼んでいただくようになり、お話をする機会が増えました。私は試合に出ているような目立つ選手ではなかったので、声をかけていただけたことがとても嬉しかったです。お会いするたびに、仕事のことや将来のこと、私の故郷のこと等、いろいろなことをお話しさせていただくようになりました。さらに就職活動の際には、進路の相談にもたびたび乗っていただいただけではなく、志望業界で働いている社員の方をご紹介いただいたこともありました。

長野県から進学し、入学当初にはまったく人間関係のなかった神戸の地で、このように私を気にしてくださる方がいることがとても嬉しかったです。今、人とのつながりを大切にしようと考えられるのはこうした出会いがあったからだと思います。学生時代は同世代間での交流は盛んに行われますが、目上の方と接する機会は多くないと思います。私はこうして目上の方とお話をする機会を与えていただいたことでさまざまな価値観が養われ、将来について真剣に考えるきっかけになりました。

2　こだわりを求めて

私は株式会社大林組という建設会社で事務職員として勤めており、今年で５年目を迎えました。現在は、山梨県にある２つの工事現場の事務担当として、現場に併設された工事事務所で仕事をしています。大林組の工事現場には工事の規模に応じて事務担当者が１名から３名ほど配属され、事務所内の経理、人事、総務等、事務的業務全般を行います。

入社し最初の３年間は東京の本社に勤務し、東京本店管轄の土木現場の売上・利益を取りまとめる部署におりました。建設会社に入社したからには最前線の現場で働きたいと入社当初から思っており、４年目の春に現在の現場勤務となりました。

私の配属された現場は、配属と同時に発足した新規現場でした。配属時には契約に基づき正式に設置される事務所（本設事務所）はまだなく、マンションの集会所を仮事務所としておりましたので、赴任して最初の仕事は本設事務所の立ち上げでした。土地探しに始まり、業者の選定、レイアウト作成、備品の選定、役所への届出等、本事務所開設までにさまざまな業務を行いました。すべてが初めての体験の中、刻一刻と迫る本設事務所オープン日に追い立てられながら業務にあたる状況はとても苦しかったです。事務所は予定通り開設することができましたが、正直達成感以上に後悔と反省ばかりが残る結果となってしまいました。仕事をこなすことで精一杯で、こだわりを持って仕事をすることができなかったからです。

本設事務所開設から程なくして、新たにもう１つ新規現場を担当することになり、そこでも本設事務所の立ち上げを行いました。前回できなかったこと、気づかなかったことを考え、リベンジのつもりで一生懸命に取り組みました。業者に対しての意見や要望はスピード感を持って伝え、事務所で働くメンバーに対しても進捗状況を随時共有し、要望を早い段階で出してもらえるようにしました。また、価格についても妥協せず粘り強く交渉しました。なかなか完ぺきとまではいきませんでしたが、前回よりも前進していることを実感しました。

業務内容が多岐にわたる私の仕事において、経験値はとても重要です。しかし、ただ時間とともに多くの経験をすればいいということではなく、１つの経験からさまざまなことを考え、反省し、そこから自分なりのこだわりを作っていくことが大切だと感じています。この仕事を続けていく中で自分のカラーを確立し、会社組織に貢献していくことが今の私の目標です。

3　自分について考えることの大切さ

大学生活の中で多くの方が経験する事柄の１つに、就職活動が挙げられます。私は自身の就職活動を振り返り、納得できるまで就職活動に打ち込むことができたと感じています。たくさん悩み、考えた末の最終的な結果に自分自身が納得できることが、就職活動のゴールだと思います。就職活動におけるタスクの中で自己分析は圧倒的に重要であり、最も時間を割くべきところだと考えます。企業選択は個人の価値観に基づいて行われるものです。自分を知らなければ目指すべき方向性すら定まりません。私は自分を知るためにさまざまに試行錯誤をした結果、自分にあった2つの自己分析のやり方を見つけることができました。もし自己分析の方法がわからない、就職活動の方向性に迷っているという方がいれば参考にしてみてください。

まず1つ目は、徹底的な添削で自身の価値観を言葉にすることです。私は大学内のキャリアセンターでエントリーシート等の提出書類の添削をしていただいておりました。添削の際には多くのことを質問されます。何を一番伝えたいのか、その根拠となるエピソードは何か、なぜあなたはその時その行動をとったのか。そのたびに自分の気持ちと向き合い、考え言葉にします。対話の中で自己分析を行い、すぐに言語化し文章に落とし込みます。添削の場はこれの繰り返しです。自己分析をいくらしても、言葉として伝えられなければ意味がありません。添削に何度も通い、自分の気持ちを言葉にして整理することをおすすめします。

2つ目は、企業説明会でとったメモを帰宅後に清書することです。私は説明会後、記憶が新鮮なうちに簡単な会社の概要と自分が興味を持った部分をパソコンに打ち込んでいました。志望の度合いに関係なく、参加したすべての企業でこれを行いました。業界の異なるさまざまな会社の説明から自分の興味を持った部分に注目し分析をしていくと、自分の働き方に対する興味関心の傾向が徐々に見えてくるようになります。早期の段階で企業説明会に参加し、多種多様な業界の話を聞いてみることをおすすめします。

以上が、私が実践した自己分析のやり方です。私自身、自己分析が就職活動の中で最も苦労したことでした。しかし、早い段階で重要性に気づき時間をかけることができたため、自己分析という点においては自信を持って面接に向かうことができました。自分の選択に納得ができる最良の選択ができるよう、まずは自分と向き合ってみてください。

FILE 042

甲南大学で培った大切なもの

米田吉希
Yoneda Yoshiki

2018年
知能情報学部卒／
2020年
自然科学研究科
知能情報学専攻
修士課程修了

ヤフー株式会社勤務

趣味・特技
カフェ、旅行、カラオケ、バスケットボール

好きな言葉（座右の銘）
故きを温ねて新しきを知らば、以って師となるべし（温故知新）

学生時代に所属していたサークル等
文化会書道部甲墨会

1 部活動と研究に没頭した6年間

私は、学部と大学院の計６年間、部活動と研究に没頭していました。部活動は書道部甲墨会に入部しました。入部のきっかけは新歓活動で勧誘され、部員や場の雰囲気が良く、楽しい日々を過ごせそうと思ったことです。実際、書道をしたり、メンバーと遊びにいったり、旅行にいったりと、とても楽しかったのを覚えています。また、３年生のときに役職へ推薦されたときには受諾するか迷いましたが、周りの意見を聞いたうえで就任することにしました。運営側に変わった後は、円滑に活動できるようメンバーと協力して課題に立ち向かったりと、なかなか大変でしたが、そこで勇気を持ってやってみることをしていなかったら、後悔していただろうなと思うと、今振り返ってもとてもいい経験になったと感じています。

研究は学部３年から取り組み始めました。研究室の先輩方は優しく、わかりやすいアドバイスをいただけましたし、先生は自分たち研究室メンバーのことを尊重し、自分たちのやりたいことや興味あることに真摯に向き合って、時には優しく、時には厳しく指導していただけたので、とても居心地の良い、成長を感じられる研究室でした。辛いことも楽しいこともたくさんありましたが、とても充実した日々を送っていました。

研究は主にデータサイエンスを学びました。研究テーマはデータ分析で、AIの機械学習を用いて、SNS上にあふれる情報の中から有用なものだけを選別する研究に取り組みました。集めたデータを分析する力が向上したことはもちろん、精度を高めるために新たな手法を考案し、繰り返しチャレンジすることで課題を見抜き、解決策を編み出す力が身についたと感じます。また、学会発表も積極的に参加しました。国内だけでなく海外にも複数回行き、登壇やポスター発表の機会を得て、さまざまなことをたくさん経験しました。それらの経験から、発表や資料作成のスキルを向上させることができ、また人として成長でき、今の仕事でこれまでの経験が活かされ、活躍できていることを実感しています。

就職活動では、早め早めに動き始めていました。というのも、希望する業界が選考開始時期が早かったというのと、早く終わらせたかったからです。もともと興味があった企業にはもちろんですが、学会発表の協賛企業で発表やお話を聞いて気になった企業にも連絡を取り、インターンシップに参加したり、本選考に進んだりと、機会があればチャレンジしていました。縁あって、第一志望のヤフーに入社することができ、とても嬉しかったです。

私が過ごしてきた6年間の学生生活はとても充実しており、私にとってかけがえのない経験だと思っています。先生をはじめとするみなさまには本当に感謝しています。

2 人々の悩みを解決するために

今の仕事をしたいと思うきっかけとなったのは、高校生のころに兄の影響でプログラミングに興味を持ったところからでした。もちろん初めのころはサッパリわかりませんでしたが、簡単なものでも動くものをつくったときや、今までうまく動いてくれなかったところが直ったときに、非常に大きな達成感が感じられました。こうした成功体験からプログラミングに没頭していくようになり、もっともっと学びたい！　こんな仕事に就きたい！　と思って、甲南大学に入学したのが始まりでした。

私は、新卒で入社してから現在までヤフー株式会社でエンジニアをやっています。新卒研修が終わった後は、「Yahoo! 知恵袋」に配属され、今もそのサービスに携わっています。Yahoo! 知恵袋は利用者同士で疑問を解決していく Q&A サービスで、私たちはその疑問を解決するためのあらゆる手段と場を提供しています。私が小学生くらいのときに使ったことのあったサービスで、そこに配属されたときはとても嬉しかったです。現在は主にシステムの開発と運用保守を担当しています。利用者情報を扱うこともあるため、情報管理に大きな責任が伴いますが、利用者の疑問にあった答えを見つけられた場面を見るたびに、私が携わっているサービスで世の中に役立つことができていると実感しています。

入社１年目では、新システムへの移行プロジェクトに参加し、いきなり主メンバーとして携わることになりました。そのプロジェクトが無事に完了したときの達成感はひとしおでした。１年目では学ぶことばかりで先輩についていくのに必死でしたし、吸収することも多く、悩むこともありましたが、とても充実していました。大変だった分、とても成長することができたと感じています。

仕事に慣れてきた２年目からは先輩から任されることや頼られることが多くなり、大規模な案件に携わることもありました。そこでは大きな壁にぶつかることも多く、うまくいかなかったり、進捗がよくなかったりするときには精神的にもきつい日を過ごすこともありますが、まだまだ優しい先輩方に助けてもらって、日々成長しています。今後の目標として、サービス面に関しては、利用者の疑問を解決するために、新しい機能の追加や不具合の修正、利用者の意見の反映等を行うことにより、Yahoo! 知恵袋をもっともっと使いやすいものにしていきたいと思っています。また、私自身、現在はシステム開発や運用保守をメインでやっているのですが、データ分析や案件の企画など、今担当している分野以外に携わり、何でもこなせて何でも任せられるようなエンジニアになるため日々精進しています。

3　後悔しない学生生活を

少しでも興味のあることに対してやるかやらないか迷いが生じたなら、ぜひ挑戦してみてください。人生の岐路や困難に直面したとき、私は常に「迷ったときは前に出ろ」という恩師の言葉を思い返して行動しています。後になって、「やはりあのときにこうしていればよかった」という後悔はしないように、周りの意見も聞き入れながら決断してきました。そして、一度決意したことは、最後まで諦めずにやり遂げることを大切にしてきました。後から「やればよかった」という後悔をしないために、常にさまざまなことに興味を持ち、やったことないことや新しいことにも積極的に挑戦することが大事だと思っています。ただ、挑戦することによって少なからず失敗することもあると思います。しかし失敗経験は次に活かすことでとても成長できます。また、何か１つ突き抜けたもの、興味があってトライアンドエラーを繰り返してでも何か継続し続けてきたものがあれば、その経験はきっと他のことにも活かすことができます。なので、挑戦することによる失敗を恐れずに、興味のあることは何事にも挑戦して、自分のものにしていってほしいと思います。

また、常に学ぶ姿勢を忘れずに、何事にも全力で取り組んでください。大学生には時間がたくさんあります。この時間をどう使うかは本人次第です。専門知識を深めていくのはもちろんですが、部活動やサークルでも学べることはたくさんあります。例えば、部活動やサークルの運営だったり、先輩後輩同期とのコミュニケーションを取ったり、チームやメンバーをまとめたりするのもとても良い経験、学びになると思います。積極的に行動する人や進んで新しいものに挑戦する人は、この大学生活できっと大きく成長していきます。

そして、一生付き合える「仲間」をつくってください。私が学生時代にともに学び、遊び、旅行し、過ごしてきた仲間たちは、社会に出た今でもかけがえのない大切な財産になっています。今のうちにいろいろな学生と交流して人脈をつくっておくことも、社会に出てから役に立つと思います。やるときは真面目に取り組んで、遊ぶときはしっかり遊んで、メリハリのある充実した日々を送ってください。

最後に、甲南大学で人生に大きく影響する学びの場を与えてもらえたこと、また講義や部活動、研究でさまざまなことを経験してきたこと、これらすべてが私の人生に活かされています。甲南大学で貴重な時間を過ごせたことに、深く感謝しています。

FILE 043

自分の生き方を決めるための学生生活

高野 舞

Takano Mai

2018年 フロンティアサイエンス学部 生命化学科卒

株式会社ナード研究所 勤務

趣味・特技

ゲーム、ライブ、カラオケ

好きな言葉（座右の銘）

十人十色

1 自分の価値観を知ることのできた4年間

高校生までとは異なり、大学生１年〜２年生のころは生活する際の選択肢が増え、人生を楽しめるようになりました。それまでは物事を決めるうえで両親や先生の影響がどうしても大きく、旅行も遊園地も楽しめませんでした。進学先を選ぶ時でさえ、皆大学へ行くし、何もやりたいことがないからひとまず理系にしようというものでした。他の科目に比べて比較的理科が好きだったものの、生物系と化学系どちらがいいかすら選べず、決めるのを先送りにする形で生物化学系を選択し、実験をしたことがないからと実験の多いフロンティアサイエンス学部を選択しました。

そんな私が大学時代に最も打ち込んだものは、やはりアルバイトと実験でした。アルバイトは最も効率よく稼げるからという理由で、実家近くのパチンコ店で働いていました。深夜１時まで働きながら６時に起きて大学に通うというぎりぎりの生活でした。１年ほどそんな生活を続けた後、一番わかりやすい授業だったからという理由で研究室を選び、そのタイミングでアルバイトをすべて辞めました。

研究室で与えられたテーマに沿って実験を続けていくうちに、研究というよりは実験という、計画を立て実行する作業が好きであることに気がつきました。

そうしているうちに就職活動か進学かを選ぶ時期となりました。アルバイト経験を通じて自分には進学できるような体力や精神力がないことを知っていたため、しぶしぶながら就職活動をすることにしました。就職活動を決断してからも、実験をやり続けたい気持ちがくすぶっていたので、実験できそうな就職先を探していました。しかし、学士で卒業しても実験をさせてもらえる就職先は数少ないうえ、ほとんどの企業は入社してから配属先が決まるため、やりたいことができる保証もありません。そんな時見つけたのが今の就職先でした。

大学院に進学せずに学部卒業で研究職として入社できるかどうかはわからなかったものの、入社できれば必ず実験ができるうえ、営業など一連の業務をすべて任されるという点に惹かれました。また、アルバイト先が大企業で、物事を決めるのに時間がかかったり、自分の上司に質問をしてもすぐに答えが出ない光景が自分にとってはよく思えず、何でも自分で判断し解決できるような中小企業がいいと考えるようになりました。結果的にはフロンティアサイエンス学部での非常に豊富な実験経験を認められ入社できましたが、これからの人生において最も長くいる場所である就職先を選ぶための価値観を、学生のうちに自分で知ることができてよかったと感じています。

2　自分の生き方とマッチした就職先の選択

今の仕事を選んだのは、大学院へ進学したい気持ちもあったもののそれが叶わなかったことが理由の１つです。もともとは体力や精神力、費用の問題から、進学することは諦めて就職する予定でした。しかし、テーマを与えてくれた先生に大学院への進学をすすめられ、2月ごろにしばらく悩んだ結果、実験を続けたい気持ちがあることに気がつきました。学士では研究職に就くことがかなり難しいことはわかっていたため、研究職になれなかった場合、どういう形でなら納得ができるのかを考えていました。

そんな中、就活についてアドバイスしてくださった講師の方に、中小企業なら研究職でも迎えてくれる可能性は大いにあると言っていただいたことで、研究職を優先に選考試験へ挑みました。そこでナード研究所に出会い、入社が決まりました。

配属先は有機化学の部署であり、1年目～2年目で実験操作に慣れ、3年目～4年目で実験検討を行うようになり、5年目の現在、それらのスキルを磨いている最中です。薬や農薬関連の化合物を扱うことが多く、薬になる可能性のある化合物を探索するための少量多品種合成や、スケールアップ合成のための処方構築、数百グラム規模の製造などいろいろなスケールでの合成を行っています。

ナード研究所では、実験だけではなく案件の契約や見積りなども研究員が行っています。営業の面では、顧客の本当の希望を引き出す話し方・文章の書き方や、問題が起きた場合の対処法・交渉方法など学んでいる途中です。契約関連の仕事も自分たちで行わなければならないので、法律についても徐々に覚えていきたいと考えています。

部署内に研究員しかおらず、全員理系なこともあり、比較的気が合う人が多い印象で、休日に遊んでくれるような友達もおり、日々楽しく過ごしています。

中小企業であるため、社内のルールなどについては若い人たちの意見も通りやすく、教育面や社内環境については常に改善されており、20代でも自分の力で会社に影響を与えることができ、やりがいを感じています。

未来のなりたい自分の像ははっきり決めていませんが、より明るく、社内の誰とでもうまく付き合い、意見をラフに交わすことのできるような、柔軟な発想ができる人材になりたいと思っています。

学士で入社し、何の技術もなかった私にさまざまなことを教えてくれた周りの人たちには、感謝しかありません。スキルを極めようにもどこまでも奥が深く、仕事内容も多岐にわたるこの場所で、レベルの高い周りの人の影響を受けながら上を向いて生きられることを嬉しく思います。

3 なるべく早く経験を積んで

社会人として5年目の今、学生時代を振り返って思うのは、自分の好きなことやりたいこと、自分にできないことを自分で把握できてよかったということです。

パチンコ店でのアルバイトを経験したことで、大企業より中小企業が向いていること、そして価値観の大きく異なる人とは一緒に働いている仲間であっても話がかみ合わないと楽しく働けず長くは続かないことを学びました。1日単位のイベントスタッフのアルバイトでは、先輩に気に入ってもらい何度も仕事に呼んでもらえたことで、能力の差があまりない集団の中では一緒に楽しく働けるようなコミュニケーションを取れる人の方が有利であることを知りました。研究室の実験では、気力があっても体を壊すことで作業スピードが落ち効率が下がることから、力仕事や夜勤のある仕事は自分には向いていないことを知りました。また、就職活動で50社以上の会社を見て回ることを通じて、自信をなかなか持てない自分が、生き続けるために必要な自己肯定感を得るためには、自分にとっての苦手な部分を払拭するための努力を通じて達成感を得続けられるような機会を得られる場所が必要であるということを知りました。

学生時代にやるべきことは、まずは自分のことをよく知ることだと思います。アルバイトでもサークルでも、研究でも友達との遊びでも、何でも全力で自由に挑戦すること、興味がないことでも誘われたらとりあえず一緒にやってみるとか、気になったらすぐ調べるとか、自分の趣味や興味を広げられるよう過ごすことで少しずつ自分のことがわかってくると思います。

私が学生時代のうちに得られてよかったのは、組織の中で明るく生きていくための、だいたいの人と仲良くできるコミュニケーション能力や、問題の根本的な原因を考える力、それらを解決するためのいろいろな手法を考える力だと思います。

学生のうちにもっと手に入れた方がよかったと思うのは、学力としての知識や、全体像をより早く把握して理解するための適応力、何より自学できる力だと思います。

社会人になってからでも学ぶことはできますが、学生時代に比べるとやはり時間が足りません。もっと勉強しておけばと思っても、就職先の希望が固まっていなければそれだけ出だしが遅れてしまいます。多くのことを時間のあるうちに経験して自分を知り、どう生きるかをできるだけ早めに知ることができれば、人生で最も長く時間を費やすかもしれない就職先に納得できる形で巡り合えるのではないかと思います。

FILE 044

実りある甲南大学での日々

石田萌恵
Ishida Moe

2019年 経済学部卒

日本光電工業株式会社
勤務

趣味・特技
読書、刺繍

好きな言葉（座右の銘）
“あたりまえ”を大切に。

学生時代に所属していたサークル等
体育会ヨット部

1　愛すべき、仲間とセーリングの4年間

私は大学時代、体育会ヨット部に所属していました。平日週2日の筋トレ、金曜から日曜にかけては朝から夜までの練習という、部活三昧の日々でした。部活動のない平日もアルバイトをしていたためまったく遊ぶ余裕のない日々でした。それでも4年間の部活動はとても楽しく、充実した、かけがえのない時間であったと同時に、私自身に学びと喜びと成長を与えてくれました。

当時のヨット部は多い時で50人ほどの部員を抱え、非常に大人数でした。大所帯だからこそいろんな意見が生まれる一方、意識や価値観の違いから揉めることも多かったです。誰かと喧嘩したり、責められて自信を失ったり、嫌な気持ちになる日もありました。部活動自体も、海という変化の激しい自然を相手にするスポーツのため、夏の長時間練習や冬場の極寒での練習など、環境的に辛く感じることも多く、辞めたいと思うこともありました。ですが、一緒に目標に向かって頑張れる仲間がいて、辛さ以上に楽しい時間や日々があったからこそ、辞めずに４年間続けられたといっても過言ではありません。

４年間で一番印象に残っているのは、４年生の時に同期の１人と部活動に対する姿勢や考え方で強く衝突したことです。その時、私は部活動の集大成として目標を達成しなければという焦りから、部活動に真剣に取り組んでいないと感じた相手に憤り、厳しい言葉をぶつけました。相手は傷つき、反論してきました。ですが、その反論は私を傷つける意図からなされたものではありませんでした。彼女もまた部活動や部員のことを真剣に考えたうえでの意見を述べていましたし、そのうえで私の発言の強さ、相手を傷つけているという事実、それに対する周りからの批判などがあることを冷静に伝えてくれました。これを機に、４年間を通して培ってきた自分の考えや言動について振り返ることができ、改めて自分がどうありたいか・どうなりたいかを考え、見直すことができました。その相手とはお互いに謝罪し、和解することで、これまで以上に深い信頼関係を築くことができました。

就職活動では部活動で学んだことをもとに、自身がぶつかった課題やその時の対処や考え、そういった経験から得たものを正直に伝えました。もちろん、企業ごとに相性があり、すべての企業に受かったわけではありませんが、面接の際は自分が過ごしてきた大学生活に自信を持って回答することができたと思います。

現役の学生のみなさんには、ぜひ何かの活動や団体に所属することをすすめます。ゼミでも部活動でもサークル、アルバイトや課外活動の団体でも何でもいいと思います。あなたが自分で選んで所属し、その活動や他の人の価値観から、感じ、考えて判断したその結果と経験にこそ意味があります。大学４年間は子どもよりも、そして大人よりも自由に考えて選択できる期間だと思います。少しでも多くの人や、多くの物事に関わって経験を積んで、自分の感性を豊かにしてください。それが結果的に就職活動でも役立ち、今後の自分の人生を豊かにしてくれると思います。

2 見える世界の変化、多様化する働き方

私は国内の医療機器メーカーに勤めています。私が就活の際、今の会社に応募したきっかけは、みなさんも一度は公共機関で目にしたことがあるであろう、医療機器の“AED”でした。

就職活動の際、“モノづくり”という観点と“人の生活や人生のためになる”といった観点から、メーカーへの就職を希望していましたが、学部的にも医療関係には知識がなく、どちらかというと日常に深く関わる家具や文具のメーカーを中心に応募していました。そんな中、就活サイトに大きく掲載されていた“国内唯一の国内産AED販売メーカー”という言葉と、普段、よく目にしていたオレンジ色のAEDの写真が目に留まったのです。実は、私が4年間所属していた体育会ヨット部では、海上で活動する故、安全管理の一環として、監視・救助用のゴムボートに必ず1台AEDを搭載していたのです。自分の日常にも関わっている“AED”のメーカーということに興味が湧き、応募しました。そして、説明会で伺った経営理念やOB座談会で伺った会社の社員に対する向き合い方が、自身の働き方のイメージとマッチしていたことから入社を決めました。

現在は関西地域を担当し、営業として働いています。クリニックや病院の先生、看護師さんなどを相手に営業するので、初めは医療の知識がなく、現場に必要とされるニーズがわからず悩みました。ですが、社内での勉強会や先輩方からのアドバイス、社内ツールを活用することで4年目の今は、少しずつ先生方と話ができるようになってきました。販売先で、先生や看護師さんから、“日本光電の機器を石田さんから購入してよかった”と言ってもらえる時は、とても嬉しくなります。また、医療を専門的に学んだわけではない自分が、仕事を通して、世の中の人の健康促進に関われているということに、とてもやりがいを感じます。

今後の会社の課題としては、働き方の多様化への対応（フレックス制度や

有給休暇の取得率の向上など）や、全体的に女性社員が少ないため、将来的に女が仕事を続けられる環境をつくる必要がある点などが挙げられます。ですが、この2、3年だけでも、フレックス制度が導入され、出勤・出社時間を自分でコントロールできるようになり、QOL（Quality of Life）が大幅に向上しました。また、在宅勤務制度の導入や残業時間の削減実施など働き方改革の影響も強く感じられます。みなさんも、会社を選ばれる際は、自分が大事にしたい価値観を仕事と生活スタイルの両方の観点で考えて、選ぶことをおすすめします！

就職活動の形式も多様化する大変な時代ですが、経験を楽しんで、頑張ってください！

3　将来、幸せになりたいみなさんへ

私は部活動や就職活動を通して、深く自分を見つめることができました。部活動では他人との関わり方や目標に向けた取り組みや行動などの経験を通して、自分はいったいどんなことに、喜んだり悲しんだり怒ったり傷ついたり、一喜一憂するのか、自分の強さと弱さは何か、自分にとって大事なものは何かを学び、考えました。就職活動では自分の大事にしたいものや、価値観というものを、部活動という1つの観点からだけでなく、家族関係、友人関係、社会的位置づけなどさまざまな観点から考えました。そして、自分の言動が周りの人からどう見えているか、どう伝わっているかを家族や友人に聞くことで自分の大事にしたい価値観を相手に正しく伝えられているかどうかを確認して、ずれている場合はどう修正すべきか、そのためにどのような選択をすべきか考えました。そういった自己分析のおかげで、大きな不安を抱かずに就職活動に臨み、入社する会社を選択することができました。でも、こうして考え続けてもなお、自分を理解しきっているわけではない。そのように思っています。

人の“価値観”は経験から学びを得、形成されますが、“経験”は自分が置

かれる環境や、自分がとる行動に左右されます。そのため現在も、自身が属する環境の中で日々を過ごしながら、自分の価値観について考え、自分の大事にしたいものを大事にするためにどのような行動・選択をすべきか考えながら生きています。

そんな私がみなさんに伝えたいのは、大学生活の4年間で、どんなことでも構わないので、たくさんの新しい経験を通して“自分”について考えてほしいということです。多くの人と関わる環境に身を置く、資格や検定の取得のために真剣に勉強する、部活動に没頭して目標に向けて頑張るなど、どんなことでも大丈夫です。大事なのは、その新しい経験をするたびに“今のあなた”が何を大切に大事に思っているかを真剣に考えることであり、それを実現するためにどうやって行動すべきか考え、実行することです。その反復で、“考える力”が身につきますし、“課題に向かって取り組む力“が身につきます。何よりも今後の人生で、自分が幸せと感じる生き方を選択するために大切にすべき価値観が何か、“自分について理解する力”が身につきます。それらの力はすべて、就活でも社会人になってからでもあなたのためになるはずです。

ここまで、私の自分自身の経験と考えについて話をさせていただきました。最後も主観的な考えをお伝えすることになりましたが、あくまで1つの意見、参考として読んでいただければと思います。少しでも誰かの不安の解消や問題の解決に繋がれば嬉しいです。

今を生きるのも、未来を生きるのもあなたです。自分がどんな生き方をしたいか、どんな価値観を大切にしたいか、それを学び・考える素晴らしい4年間にできることを願っています。

FILE 045

最後まで走り切った4年間

林 薫乃

Hayashi Yukino

2020年 経営学部卒

客室乗務職

趣味・特技

サーフィン、旅行

好きな言葉（座右の銘）

おかげさま（地元が三重県伊勢市です）

学生時代に所属していたサークル等

体育会女子陸上競技部

1 環境が自分を作る

甲南大学を選んだ理由は、女子陸上競技部が強かったことです。甲南の陸上部に入れば、高校の時に果たせなかった全国の舞台で活躍できる。そんな夢が叶えられると思ったのが入学のきっかけでした。三重県の田舎町（とても美しい街ですが）から出てきた私が、日本中から名の知れた有名選手が集い、聞き慣れない方言が飛び交う新天地でうまくやっていけるのかと不安もありましたが、先輩とも仲良しなチームの雰囲気に恵まれたことや、チームメイトや後輩が頼ってきてくれたり、少しの間でしたがキャプテンを経験したりといった経験を通じて「ここでもやっていける」という自信に繋がっていきました。トレーニング設備や練習メニューなども整備され、素晴らしい環境で練習することができましたし、結局夢は叶いませんでしたが、新たに七種競技という種目にチャレンジするなど、心身ともに鍛えられた毎日を過ごしました。

一方、部活動だけでは終わりたくないと考

え、2年次よりマーケティングを研究する西村ゼミに入りました。西村ゼミは企業や自治体と協同して商品企画を行うなど活動がとても活発的で、私たちは数々のプレゼン大会に出場し優勝することを目指しました。朝から晩までプレゼンの準備をすることや、熱が入りすぎて仲間割れすることもしょっちゅうありました。でも、そのたびに「人の話は最後まで聞こう（当たり前のことですが、大切なことですよね）」と皆で合言葉のように言い合っていたことが懐かしく感じます。極寒の加古川駅で何時間も街頭調査をしたことも思い出です。体育会での活動との両立は大変でしたが、こうした活動の結果、自分たちの提案が実際に商品化されたり、新聞に取り上げられたりしてとても達成感を感じました。また、ゼミ活動を通じて、同じ文武両道を志す人、アルバイトや語学に力を入れる人など、さまざまなフィールドで頑張る個性的な仲間に出会いました。西村教授をはじめ、ゼミ生との出会いは自分自身の視野を広げてくれるものでした。

その後怒涛の就職活動を終えた私は、卒業までの間大学の制度を利用し4か月間カナダのバンクーバーに語学留学へ行きました。肩書や、年齢もまったく関係ないフラットな環境に身を置くことは自分を試す特別な機会でした。留学先では、自分の振り分けられた英語のクラスに満足ができず、先生に拙い英語で交渉する、というちょっとした挑戦がありました。振り分け後のクラス変更は認められておらず、日本だったら、周りの目が気になり我慢していたと思います。ですが、あの時、流れに身を任せるのではなく自分で環境を変えるために思い切って主張した結果、上位のクラスで学ぶことができたのは自信に繋がりました。

大学生活では、これらの3つの経験が自らに大きく影響を与え成長させてくれました。他にもキャンパスのある岡本の美しい街並みや、4年間続けたアルバイト先での経験も印象に残っています。今までと違った環境に自分を置くことにより、新しいことに触れ、失敗し、人から吸収し、自分を成長させてくれたと感じます。

2 現在の仕事

現在は東京で客室乗務員（CA）として国内線、国際線ともに乗務し、もうすぐ3年目になります。学生時代にはなりたい職業もなく、関西で就職できたらいいな、くらいに思っていた時に、合同説明会で今の会社に出会いました。私の就職活動の軸は「人」でした。どんな人と働きたいか、この会社に入れば自分はどんな人になるかを想像しながら企業を探していたところ、説明会で出会ったCAの先輩に惹かれたのがきっかけでした。

いざ、就職してみて想像通りだったことは、やはり人です。CAの仕事では、何人かのメンバーでチームを組んで機内サービスや保安業務にあたります。そこではおもてなしのプロ（そんな人は一緒に仕事すると、とても気持ちが良いです）や、何歳になっても新しいことに挑戦し、ワインの資格や新しい言語、栄養学やスポーツなど多方面に目を向け自分を磨き続ける人、どんなお客様、クルーに対しても先入観なく相手をリスペクトし接する人など、魅力的な人生の先輩との数々の出会いがあり、とても刺激を受けています。

逆に想像と違ったことといえば、日々体力勝負であることです。早朝から深夜までさまざまな便に合わせて起床、就寝することはなかなか慣れません。また、国際線となると時差ぼけを調整したり、現地の食べ物に気をつけたりと健康管理も重要です。客室乗務員は保安要員としての役割が大きく、何かあった時にはお客様の安全を守らなければなりません。とても責任のある仕事だと知りました。先日も台風が迫っている中でのフライトがありましたが、3年ぶりの行動制限のないお盆休みの旅行を楽しみにされているお客様を無事に目的地にお届けすることができ、感謝の言葉をいただきました。こういった時には公共交通機関に従事する社員として、大きなやりがいを感じます。

私が入社したのは、新型コロナウイルス感染拡大初期の2020年であり、その影響を受けて苦しい期間も経験しました。航空便数が減って家にいる時間がぐっと増えました。同年代のバリバリ働く社会人と比較して、自分は社会人として成長してないのではないかと、苦しくなることもありました。今は通常通り働けていることにとても感謝しています。

社会人として過ごす東京での生活は、仕事の面で落ち込んだりすることもありますし、都会の複雑な電車の乗り換えも難しいですし、まだまだ慣れないことも多いです。でも、大学生の時に岡本で感じたように「東京でも意外とやっていけるな」と思えるように、日々成長していきたいと思います。

3 「後悔しない選択」ではなく「後悔しない行動」

学生時代、同じ甲南大学生の留学体験談を聞いた時に印象に残っている言葉があります。「何か選択を迫られた時、どちらを選択するか、よりも自分の選択に対して後悔しない行動をとることが重要」という言葉です。

実は私は、満を持して入部した女子陸上競技部を途中で退部しています。チームとの方向性の違いや、物事のタイミングなど、理由はいくつかありましたが、私にとっては人生最大の決断でした。13年間続けてきた大好きな陸上競技を苦しみながらもやり切るか、辞めたところに何かあるのか、まったく想像もできませんでした。しかし、悩んだ末「辞める」という選択をしました。しばらくは何も手につかず、実家に帰って猫とのんびりしていた時期もありました。

その後心を切り替えて、ゼミでの活動と就職活動に全力を注ぎました。結果、今の仕事に出会えました。陸上競技を通じて“物事に没頭する”、“全力を出す”という力が鍛えられた結果、摑めた内定だったのではないかなと思います。その後、入社までの間に語学留学にも挑戦できました。申込期日は間近で、TOEICの点数もギリギリでしたが、“突如空いた時間”が後押ししてくれたのかもしれません。

結果「辞める」ということが正しい選択だったかは誰にもわかりません。ただし、今もう一度戻れるとしても私は同じ選択をすると思います。別の土俵ではありましたが、4年間最後まで走り切ることができました。小学校から毎試合見にきてくれて、大学では関西に送り出し、これらの選択にまったく文句を言わなかった両親には、とても感謝しています。

学生の皆さんにも、大小構わず毎日何かしらの選択が迫られると思います。「後期の授業何とろう」や、「バイト変えようかな」などの悩みから、就職に関することまで日々選択の毎日だと思います。ですが、どの選択もその後の行動で何とでもなる、ということです。意外とどっちの選択をしても同じところに行きついたりすることもあります。ですので、怖がらずにいろいろと挑戦してください！

偉そうにつらつらと述べましたが、私もまだ社会人3年目、皆さんよりもほんの少しだけ先輩からのメッセージでした。少しでも参考になれば幸いです。

拙い文章で誠に恐縮ではありますが、最後まで読んでいただきありがとうございました。甲南大学の皆様の活躍を心より願っております。

研究と出会って

麻田千尋

Asada Chihiro

2020年
知能情報学部卒

株式会社リコー勤務

好きな言葉（座右の銘）

**誰かの役に立つ
モノづくり**

1 VRの大会から学んだモノづくりの楽しさ

私が学生時代最も力を入れたことはVRコンテストでの作品制作でした。この挑戦を始めたのは、私が学部3回生の春ごろでした。「KONANプレミア・プロジェクト」でお世話になっていた研究室の先輩たちがVRコンテスト「IVRC（Interverse Virtual Reality Challenge）」の作品作りを楽しそうに行っているのを見て、私も挑戦してみたいと思い応募しました。しかし、結果は書類審査で落選、とてもショックでした。なぜダメだったのかを審査員の先生にフィードバックいただける機会があり、聞いてみたところ、すでに大会で投稿されたことのある趣旨の作品であったこと、書類に具体性がないことなどを指摘され、「次は誰にもまねできない、新規性の高い作品のアイデアを出そう、絶対来年は通してやる」という気持ちになりました。その日から来年のIVRCへ向けて毎日何かアイデアの種になるものはないか、探すことが日課になりました。また、同時期に研究室にも配属され、のちにチームメンバーになる友人との交流も増えていきました。

4回生の春、私は「電気刺激で女性の月経痛を再現するシステム」でIVRCに応募することを選びました。これは、誰にもまねできない、新規性が高い作品のアイデアとして1年間考え抜いたものでした。結果として書類審査を通過し、実際に展示する作品を作るデモンストレーション審査に進みました。しかし、実際にモノを作る段階になり、いくつか大きな壁が立ちはだかりました。まず、回路設計をできるチームメンバーがおらず、電気刺激の回路を作り切れるかわからない状態になりました。自分たちでいろいろと調べて試行錯誤した結果、なんとか電気刺激の回路を作り上げることができました。また、チームメンバー9名のうち7名が男性であったことから、月経痛がどのようなものであるか、体験してもらうユーザに対する配慮をどうするかについて彼らに理解してもらうことがなかなかできませんでした。そこで、みんなで月経について意見共有を行うとともに、意見共有では伝わらない月経時の具体的な辛さをくみ上げた電気刺激の装置を使って共有することで、男性陣の理解を深めチーム全体の意識を変えていきました。最終的に男性にも女性にも月経のつらさを知ってもらえるきっかけを作り出すことができるシステムとして、システムの再現度や社会的意義が評価されて、審査員特別賞を受賞できました。

この制作の中で、VRの作品の大きな可能性と、チームでモノづくりを行う楽しさを体験することができ、私の中でとても大きな思い出となっています。

2　研究職に就いてみて

私は甲南大学知能情報学部を卒業した後、奈良女子大学大学院に進学し、修士課程修了後研究職としてメーカーに就職しました。この仕事を始めようと思ったきっかけは、学部・修士ともに研究が楽しくて、研究を仕事にしたいと考えたからです。しかしながら、進学して博士号を取ってからメーカーや大学などのアカデミックポストに就職すべきか、修士卒で就職して技術を磨くべきなのかいまいちわかっていませんでした。また、企業と大学で研究の取り組み方にどんな違いがあるかもよくわかっていませんでした。この疑問を解消するため、また、企業で働く感覚を肌で実感するために、現在就職した企業のインターンシップに参加しました。

1か月の長期のインターンシップでは、画像に含まれる唇の動きの変化からどんな発話を行ったか予測するAI技術に携わることになりました。自分の専門ではない技術の研究だったので、慣れるまで大変でしたが、メンターの方の助けもありなんとか無事に終了することができました。インターンシップを通して社員のみなさんがとてもやさしかったこと、チャレンジする機会をもらえたこと、社員のみなさんが自分らしく働いているところを目の当たりにして、企業の研究職で働くことも楽しいかもしれないと思いました。また、会社では社会人でも博士後期課程への進学を積極的に行っていて、当時進学か就職かを迷っていた私としては、働きながら博士号が取れる可能性があるならと就職を決意しました。インターンシップが終わった後、なんとか選考を通過して研究職として採用されることになりました。

2022年からこの会社で働き始めた社会人1年目ですので、現在は会社がどんな研究をしていて、自分がどの研究に携わるか、研修を通して学んでいます。自分がこれまで学んできたことを活かして、答えのない課題に対する解決策を導き出していくこと、それをチームメンバーと共有して新しい価値を創出していくことが楽しくやりがいを感じられる瞬間です。また、自分のやりたい研究をしてお給料がもらえることも、モチベーションが上がります。また、テレワークが基本のため出社はあまりなく、かつコアタイムもないフレックスを新入社員1年目から使えるので非常に自由に働けるところも気に入っています。

3 現役の学生さんへ

自分が目標とする成果にたどり着くためには、思っているよりも遠回りしないといけないことが多いです。私も、研究のために試行錯誤していろんなものを作ったり、考えたりしましたが、結局使わなかったシステムや資料が数えきれないほどありました。これらは、一見すると無駄な失敗に見えるのですが、試行錯誤の結果で、一部分しか使用されなかったとしても、その経験があるから次のシステムをどんな風に作ればいいのかが見えてきたりします。

研究活動は「けもの道を進む」と言い換えられることもあるほどに、どちらに進めばいいかまったくわからない、周りが見えない状態が長く続きます。そこを進むためには、どんなに無駄なことであったとしてもやってみて、その方向が正しいのか間違っているのか確認する作業が重要になってきます。元メジャーリーガーのイチロー選手も「無駄なことを考えて、無駄なことをしないと伸びません」という名言を残しているように、プロでも成功への道は一本道ではないことを明言しています。また、これは持論ですが自分が成長できるという意味合いでは、無駄な失敗はないと思っています。学生時代は、失敗を積み重ねて、自分のやりたいことを探す指針として、何事にもチャレンジしてみるといいと思います。この経験が学生のみなさんにどのような影響を及ぼすかというと、社会人になっても挑戦することを恐れないようになります。失敗が無駄ではないと思っている人は、失敗することに価値があることがわかっているので、新しいことに挑戦することにも臆病になりにくいです。

今の時代、急速にモノや情勢が変化しているため、将来の予測が立てにくくなっていると言われています。そのため、今後新しいことに挑戦できない人は生き残ることが難しい世の中になると私は予想しています。しかし、社会に出てみるとチャレンジ精神を持っている人は意外と少ないことに気づくと思います。特に新しいことを始めようとする人はなかなかいません。この厳しい時代を生きていくためにも、ぜひ失敗を積み重ねて、その先にある成功へどんな回り道をしてでもたどり着くという経験を積んでみてください。おそらく、やってみると私が言及したことがわかると思います。また、私は幸運にも大学時代に研究というやりたいことに巡り合うことができましたが、やりたいことがなくても焦らなくて大丈夫です。仕事でも部活でも研究でも、やっていくと自然とそれがやりたいことになっていったりします。やりたいことがない人は少しでも興味があるものをやってみるということが大事だと思います。学生時代にやりたいことを悔いなくやり切れるように頑張ってください！

FILE 047

すべてが今につながる

石井七奈

Ishii Nana

2021年 文学部
日本語日本文学科卒

神戸市立伊川谷中学校
教員

趣味・特技
読書

好きな言葉（座右の銘）
初志貫徹

学生時代に所属していたサークル等
摂津祭実行委員会
プロコンサート局

1 他者を理解することの大切さ

大学１年生の秋、友人にすすめられ、日本語教室「あおぞら」という、外国の方に日本語を教える取り組みに参加することになりました。普段当たり前に使っている日本語を一から教えるということは、私にとって新鮮なことでした。

私はこの「あおぞら」を通して、多くのことを学び、強く心を揺さぶられました。そして、2つの難しさを感じました。

１つ目は、「日本語を教えることの難しさ」です。当たり前に体に染み付いている日本語をかみ砕き、日本語を母国語としない国の方々に教えていくことはとても難しいです。しかし、日本語にしか生み出せない曖昧な表現、日本人の心を映し出したような美しい言葉、その１つひとつに触れることは、私自身が日本語について深く知るきっかけとなりましたし、それと同時に日本語の奥深さを感じることにもつながりました。ある学生にこんなことを尋ねられました。「『家に帰るまでが遠足です。』これはどういう意味ですか。」と。学校の先生が遠足の帰りに話す、聞き慣れたフレーズですよね。私も、子どもたちにこの言葉を使ったことがあります。これは、「家に帰るまで気を抜かず、安全に帰りましょう」という意味です。学生時代を過ごしてきたみなさんなら必ず一度は聞いたことのあるフレーズですし、その意味もすぐに理解することができるはずです。しかし、外国の方にとっては疑問に感じてしまうのです。日本語特有の言葉の裏は理解しにくいからです。でも、外国の方からのこのような疑問によって、日本語ならではの面白さや奥行きが私たちの生活に根づいたすばらしいものだと気づくことができたのです。そしてもっと日本語を正しく、美しく使うことができる人になりたいと思わせてくれたこのような経験こそ、国語の教師になりたいと思った理由の１つでしょう。

２つ目は「異文化理解の難しさ」です。私は大学で「あおぞら」に参加するまで、外国へは高校の修学旅行でシンガポールに行ったことしかなく、外国の方と関わるような経験もありませんでした。ですので、この活動を通して、日本とは異なるさまざまな文化に触れることはとても興味深く、いつも刺激を受けていたことを記憶しています。人々の生活、言語、すべてが違っていても相手を尊重し、理解しようという気持ちはとても強い絆を生み出します。国を超え、共通の話題で笑い、喜び合えることの嬉しさは感じたことのない新しい感覚でした。言語が異なる環境にあってコミュニケーションをとり、相手が考えていることを想像することは、同じ日本人同士においても他者を理解するうえで、必要なことなのかもしれないと考えます。

「あおぞら」を通して交流した方々のほとんどは現在帰国されていますが、社会人になった今でも連絡を取り合っています。自分から踏み出さなければ、出会うことのなかった方々ばかりです。あの時、自分の背中を押してくれた友人に感謝したいです。「あおぞら」だけではなく、大学生活を通してさまざまな人と出会いました。そのすべては私の財産であり、かけがえのないものです。この縁や経験は、今の私を形作る原点です。

2 なりたい自分を超える

このような文章を執筆することになり、私が教師になりたいと思ったきっかけは何だろう、と改めて思い返してみました。その過程を通じて、「教師になりたい」という思いがかなり早くから根づいていたことに気づきました。むしろ、それ以外の道はないとすら思っていたことにも気づきました。

中学１年生の時の話です。英語の先生から「もう少し頑張ったらきっと伸びるよ」と声をかけてもらったことがありました。私はその言葉が強い印象として今でも残っています。その先生にとっては何気ない言葉だったかもしれませんが、私にとっては自分の心に火がついた瞬間だったのです。また、たった一言で人を変えることができる教師という職業に、この上ない魅力を感じた瞬間でもありました。もしかすると、この経験が、私が自然と教師を志すようになったきっかけだったのかもしれません。

将来の目標だった中学校教諭となった私は現在、担任や部活動の顧問、それ以外にも多くの校務分掌を担当しています。一言で言うと、「しんどい！」この言葉に尽きますが、仕事のどの部分を切り取っても、中身の濃い日々を送っています。そして、２年目を迎え、「私にしかできないことは何だろう」と考えるようになり、それは「気持ちの共有・共感」ではないかと感じるようになりました。今までの人生で、私は失敗や悔しい思いをたくさんしてきました。決して初めから勉強が得意だったわけでも、要領が良かったわけでもないからです。「どうして私はできないんだろう」学生時代、そう悩んだことも少なくありません。でも、今になってみればこれは私にしかない“強み”なのではないのかと。この経験があったからこそ、生徒が今抱える「勉強ができない」「どうすれば伸びるんだろう」といった漠然とした不安や悩みに、近い感覚で寄り添うことができるのではないかと考えています。もし私自身が、苦労もせずスムーズに学生時代を送り、現在に至っていたとしたら、身につけられなかった感覚かもしれません。自分の経験があったからこそ、人の痛みや辛さを感じとることができるのだと感じました。

自分のクラスを持つこと、授業をすること、部活動の指導など、初めて教師を志した中学生の私にとって夢のまた夢のような未来が実現した今、少しずつ成長していく生徒の姿を一番近くで見ることができるのはとても幸せなことだと考えています。また、毎日子どもたちの笑顔や真剣なまなざしに囲まれて仕事ができていることは私の誇りであり、何物にも代えられないやりがいとなっています。一方で、まだまだ満足はしていられないという気持ちもまたあふれ出てきます。これからの教師生活においても、子どもたちに大きな影響を与える責任感と使命感を持ちながら、1ミリでも生徒の可能性を切り開く支援ができるような教師になりたいと強く思っています。

3　夢から目標に

みなさん、努力は必ず報われるのでしょうか。

私はこの言葉の意味について、自分の経験を踏まえて考えてみることにしました。私自身、努力をしたのに報われなかったことが多くあったからです。それはいったいなぜなのか考えてみると、「正しい努力」をしていなかったからだと思います。私にとって努力とは、「正しい方向で見通しを持って力を尽くす」ことだと思います。努力は、がむしゃらにすればいいというものではありません。「ただ時間を費やし、ただ一生懸命やる」だけでは不十分なのです。夢や目標に向かって努力する時は、目指そうとしているものに合ったやり方なのか、これを定期的に確認し、ブレてしまっているならば早急に再構築していく必要があると思います。

私は教師になるという夢を叶えることができましたが、それまでには多くの壁がありました。しかし、私はたった1つ、「自分を信じて継続する力」だけは強く貫いていました。もちろん、継続したからといってすぐには結果につながりませんし、逃げ出したくなることもあります。でも決してあきらめませんでした。「うまくいかなくても、また頑張ればいい」そんな気持ちで、自分のやるべきことをコツコツと積み重ねることの大切さを知っていたからです。また、自分のやるべきことを続けていると、自分自身の気持ちに変化を感じるようになりました。「夢が目標に、目標が現実に」なろうとしていることを実感し出したのです。教師になりたいという「夢」は、少しずつ自分の手元へと近づき、確固たる目指すべきものへと変化していきました。そして、必ず摑み取るんだという決意へとつながっていきました。

私は夢の実現までにたくさん回り道もしましたが、どの回り道も、今となってはすべて必要な時間だったのだと確信しています。たとえ失敗や挫折があったとしても、その時の頑張りがすぐには報われなかったとしても、必ず人生のどこかで、その経験が自分の身に活かされ、報われる時が来ます。「あの時の悔しさはこの日のためにあったのか」と腑に落ちる日が。何があっても自分が一番の味方でいること、そしていつか花咲く日を気長に待つことも大切にしてください。

経験はすべてつながる

雲井綾音
Kumoi Ayane

2022年 経営学部卒

株式会社
オリエンタルランド
勤務

趣味・特技
煎茶道、映画鑑賞、
美味しいものを
食べること

好きな言葉（座右の銘）
清く 正しく
優しく 強く

学生時代に所属していたサークル等
同志社大学 煎茶道
サークル「清風会」

1 第一志望に進んだもう1人の自分を超える

大学受験で第一志望の大学に不合格となり、祖父や母親が学んだ本学に入学した私が学生時代を過ごすうえで設定した目標は、「第一志望の大学に受かっていたもう１人の自分を絶対に超える！」というものでした。恩師である武田佳久先生の授業で生まれたその目標を達成するために、授業でファシリテーターなどを行うラーニング・アシスタントとして活動したり、ゼミで商品開発をしたり、海外インターンに行ったり、煎茶道を始めたりなど、本当に多くのことに挑戦しました。

その中でも最大の挑戦は留学でした。理由は単純で、これまで留学を経験した人に後悔している人を見たことがなかったからです。「きっと貴重な経験になるはず」と思い、海外の大学に留学を考えていたところ、「ディズニー・バレンシア・カレッジ・プログラム」の案内を偶然見つけました。「現代の情報社会で、海外の大学でしか勉強できないものがあるのか？　もっと貴重な経験はないか？」と考えた結果、海外インターンを選びました。

アメリカのディズニーで得た経験はどれも素晴らしいものでした。ディズニーの異文化に対する受容の姿勢や、世界でも高いブランド力を誇る人材育成の現場、壮大な土地とテーマ性を持ったパークの姿など、私にとってすべてが衝撃的で、今でも鮮明に記憶に残っています。しかし、1か月半という短い期間でプログラムは中止に追い込まれました。新型コロナウイルス感染症の拡大によりパークが閉園し、日本への緊急帰国を余儀なくされたのです。失意の底にいた私を救ってくれたのは、母の一言でした。「どんな状況になっても今しかできないことを探そう」その言葉に勇気づけられ、再び挑戦し続けることを決意しました。

帰国後、コロナ禍で通学もままならない中、所属するゼミの佐藤先生と相談して地元企業を訪問し、「こんな状況になってしまった今だからこそできることをしたい、自分と同じく失望している同年代を勇気づけ、ひいては社会を勇気づけるプロジェクトを実施したい」と訴え、ゼミ生や多くの方々の協力を得て商品開発プロジェクトを企画・実行し、結果的に2つの商品案を採用していただくことができました。また、卒業間近の時期には、煎茶道の趣味が高じて茶葉を扱うクラウドファンディングを行いました。ペットボトル用の安い茶葉の需要拡大により経営が苦しい茶葉農家を支えるプロジェクトを通じて、日本文化に欠かせないお茶を守りたいと考え、約9か月間、同志社大学の友人と一緒にプロジェクト・マネジャーとして奔走しました。結果、わずか2日で目標金額を達成し、クラウドファンディングのサイトでも人気急上昇の案件として注目を集めました。

留学で得た経験や価値観が商品開発プロジェクトにつながり、そしてクラウドファンディングの成功につながったと感じています。大学生活を通じ、経営学という学問以上に、「今の環境に満足せず挑戦し続けること」「常に前向きに行動すること」の大切さを学びました。

2 仕事の目的と目標

上にも書いた通り、私にとって最大の挑戦は留学でした。入学当初から準備を進め、ようやくインターンシップに参加した矢先、コロナ禍によりわずか１か月半で強制帰国を余儀なくされてしまったことは、私にとって許容しがたい現実でした。自分の力だけではどうにもならない絶望感や、自分が切り開いた新しい道での挑戦をやり遂げられなかった失望感でとても大きな挫折を味わいました。

この経験を経て、この挫折を人生の中で早期に挽回したいと考えるようになりました。そのため、世界がコロナ禍を乗り越えた後、もう一度アメリカのディズニーで働くか、日本のディズニーに就職したいと考えました。

日本のディズニーで働きたいと考えた大きな理由は、日本にしかないおもてなしとホスピタリティで、海外のゲストに対して魅力をアピールしたい、また日本のディズニーを世界の誰もが楽しめる、かつ社会的な意義を持つ場所にしたいと考えたからです。ディズニー・コンテンツは、子どもの教育にとって重大な意義を持っており、コンテンツを通じて社会へのメッセージを発信することも重要なことだと考えます。また、大切な人との幸せな時間を提供し、人生を輝かせる思い出を創ることができる場所であると感じています。

現在は「現業職」という職域で働いています。仕事を進める中で、将来の目的を達成するためゲスト（消費者）の声やキャスト（従業員）の想いを吸収させてもらっています。想像を超えたホスピタリティや感動体験で、ゲストが心の底から笑顔になっている瞬間は最高の喜びです。ゲストの笑顔を見ることで働きがいを強く感じ、また自分の目的の芯がクリアになっていく感覚を覚えます。

人生の「目的」と「目標」の話があります。「目的」は自分の夢であり、「目標」は通過点に過ぎず「目標」に到達することをゴール（目的）にしてはいけない、という話です。「目的」が明確になっていると、「目標」もおのずと決まってくる気がします。しかしそれは思い違いで、実際は無数にあるルートのうちの近道に過ぎません。夢を実現する過程で「目標」という通過点にこだわりすぎて自分の可能性を狭めてしまってはもったいないと思っています。私の例でいうと「ディズニー・コンテンツを通して、社会的なメッセージを日本から発信したい」という目的を掲げて入社しました。この目的は、施設開発や、イベント開発、人事、広報、経営戦略など、どの部署からでも実現することができると考えています。

今後、自分の望み通りの会社や部署に配属してもらえる可能性の方が少ないかもしれません。しかし、自分の夢や目的がはっきり理解できていれば、どんな仕事を通してでも働きがいや充実感を得ることは可能です。自分の夢を見つけることは、そう簡単なことではないと思います。また、大学時代だけではなく人生を振り返って掘り下げる時間は楽しいものではないかもしれません。しかし、振り返りながら目的を追求していくことは必ず将来の自分に役立つと考えています。

3 現役生のみなさんへ

現代は、人材のコモディティ化（似たような人材であふれかえってしまい、差がなくなってくる状態）が進んでいると言われています。その中で、どうやって自分が競争優位性を持つか？　というところで苦戦する時代だといえます。そんな時代で唯一の人材になっていくために必要なことは、さまざまな原体験を積み、その１つひとつの経験の過程を大切にしていくことではないかと思います。

そのためには、周りの人が持っている資格や、取りやすい資格など目先の価値にとらわれないことが大事です。自分の価値観や感情、目的に重きを置いて、自分の強みや芯を探求し続ける学生生活にしてください。もちろん資格は自分の強みを公的に評価されたものとして大事な要素ではあります。ただ、そこに想いや経験がないと単なるインプット・肩書にしか過ぎません。自分だけが体験したことをより多く増やしていくことで、それをかけ合わせた自分だけの価値観や強みが養われます。

もちろん、これらは簡単なことではありません。私もそれほど意識して学生時代を過ごしたわけではありませんので安心してください。楽しいことや自分の好きなもの、やりたいことを自由に取り組みながら自分の経験として吸収してきました。常々感じていることは、「無理に近道しなくていい。自分の好きなこと、やりたいことの先に目的が達成できたらそれが一番だ」ということです。辛いことや、どうしてもやりたくないことは誰にでもあります。そういう場合、最悪逃げても甘えてもいいと思います。周りに頼れる友達や先輩がたくさんいたことも幸いでした。その代わり自分の好きなこと、やりたいことなどの本質的なことからは目を背けないこと。本質を見据えてしっかりと取り組んでください。そういった課題を見つけられたら、課題解決に向けて健全な苦労をする体験もきっとみなさんの強みになるはずです。

私でよければ、悩んでいたり、勇気が出なかったり、何も見つからず手探りになった時、頼ってほしいと思います。そして、それ以上にきっとみなさんの周りにいる友達、先輩、先生方があなたを気にかけていること、力になりたいと思ってくれていることを忘れないでください。みなさんが苦労することは、過去に誰しもが苦労してきたことでもあると思います。

もしあなたが少し逃げたくなったら、東京ディズニーリゾートでハピネスを感じに来ませんか？　全力でハピネスを提供できるよう、私も頑張ります！

最後に、みなさんが充実した大学生活を過ごされることを心より祈っています。そして素敵な社会人になり、幸せな人生を送ってください。

2023年3月30日　初版発行　略称：甲南人2023

正志く 強く 朗らかに Ⅲ
—躍動する甲南人の軌跡 2023—

編　者　©　甲南大学全学共通教育センター
発行者　古　市　達　彦

発行所　株　式　会　社　同　信　社
東京都千代田区神田神保町 1-41　〒101-0051
発売所　同　文　舘　出　版　株　式　会　社
東京都千代田区神田神保町 1-41　〒101-0051
営業（03）3294-1801　編集（03）3294-1803
振替 00100-8-42935　http://www.dobunkan.co.jp

Printed in Japan 2023　DTP：マーリンクレイン
印刷・製本：萩原印刷

ISBN978-4-495-97655-2